Teresa Robles

Revisando o Passado para Construir o Futuro

Um Livro de Auto-Hipnose

Teresa Robles

Revisando o Passado para Construir o Futuro

Um Livro de Auto-Hipnose

Tradução de
JOSÉ ROBERTO FONSECA

3ª edição

DIAMANTE

Belo Horizonte
2008

INSTITUTO MILTON H. ERICKON DE BELO HORIZONTE
Rua Conde Linhares, 980 - Cep.: 30380-030 - Belo Horizonte / MG
Telefax: 31 3344-8447 – E-mail: instituto@ericksonbh.com.br

Tradução de:
JOSÉ ROBERTO FONSECA
Revisão Técnica:
LAURA CANÇADO RIBEIRO
Revisão:
ELIETE DO CARMO ALVES PINTO

Capa:
LUX COLOR - FOTO E FILMAGEM & EDITORA DIAMANTE
Projeto Gráfico:
FABRÍCIO CARDOSO

Título original em espanhol:
REVISANDO EL PASADO PARA CONSTRUIR EL FUTURO: MANUAL DE AUTO-HIPNOSIS
Primeira edição em espanhol:
Alom Editores S/A, México D.F., México, 1997
ISBN: 968-6513-07-8
TEL.: 00 52 8500-6161 – 00 52 5593-5875
E-mail: editorial@hipnosis.com.mx

Ficha Catalográfica elaborada pelas Bibliotecárias da FALE/UFMG

Robles, Teresa
R666r.Pf Revisando o passado para construir o futuro / Teresa Robles; tradução de José Roberto Fonseca, revisão de Eliete do Carmo Alves Pinto. - 3. ed. - Belo Horizonte : Diamante, 2008.
176 p.

Tradução de: Revisando el pasado para construir el futuro : manual de auto-hipnosis.

ISBN: 978-85-89351-10-2

1. Psicoterapia ericksoniana. 2. Psicoterapia estratégica. 3. Hipnose ericksoniana. 4. Psicologia breve. I. Fonseca, José Roberto. II. Pinto, Eliete do Carmo Alves. III. Título.

CDD : 150.1943

PREFÁCIO

É uma honra poder prefaciar Teresa Robles. Veja porque.

Se você quer que alguém revisite, reveja e revise o passado, para construir um futuro novo – basta ser corajoso e ousar: faça um livro em que você revisita, revê e revisa seu próprio passado e em que mostra como imaginar um futuro novo. Não perfeito, mas mais completo. Essa é Teresa Robles, essa é a ousadia desse livro.

Não perfeito, mas completo. Teresa convida: ver e amar quem somos de verdade. Vamos aprendendo a distinguir o ideal, a realidade e, um passo além, os erros são parte da realidade, com eles aprendemos também. Visitando erros antigos, saudavelmente vemos que podemos modificar nossa história íntima, caminhar protegidamente e olhar-nos nos espelhos que outros nos apresentam. Mais espelhos, mais aprendizados – avaliando, relativizando, serenamente.

Serenamente relativizando, mas escolhendo. Teresa abençoa o descanso que mantém a força da vida, que cicatriza feridas. Lembra-nos que a vida é cor de rosa e sombria, ao mesmo tempo. Aprendendo com as sombras, desfrutando dos rosas, vamos discriminando caminhos sem coração, caminhos com coração. E, participando de sua ousadia, vamos experimentando caminhos que outros nos apresentam e convidam a trilhar... vida completa, mas aberta.

Vida completa, mas aberta – à própria vida, às trocas, aos outros. Teresa nos exercita em – sendo quem realmente somos, vendo quem realmente os outros são – aceitar, recusar, regular distâncias confortavelmente. Faz-nos pensar em nossas partes, a receptiva, conservadora, a criativa, construtora, consubstanciando-as nos seus dois nomes próprios, Guadalupe, Teresa. Delicadamente, Guadalupe leva-nos a refletir sobre o lar que entrou dentro de nós, o barro de que somos feitos. Incisivamente, Teresa aponta-nos a terra que pudemos, podemos ocupar, a cerâmica torneada em que pudemos, podemos nos tornar. Teresa Guadalupe nos apresenta – a você, leitora e a você, leitor – um mundo de mulheres e de homens, semelhantes e diferentes, diferenciadas, diferenciados, suas metades, sua inteireza.

Durante todo o livro, todos, como árvores enraizadas, automaticamente desenvolvendo-se, trocando, e respirando, saudavelmente, e transformando-se, à medida que o ar entra e sai...

LAURA CANÇADO RIBEIRO
Psicoterapeuta
Professora da Universidade Federal de Minas Gerais

AGRADECIMENTOS

Nesse momento, gostaria de agradecer a cada um dos personagens da minha história que me tocaram: fazer caminhos ao andar, intercambiar água de nossos cântaros, refletirmo-nos, aprender uns com os outros. São muitos, é impossível nomeá-los. Todos me deixaram sua marca gravada e guardo um pouquinho de sua água em meu cântaro.

Quero agradecer de maneira muito especial:

às mulheres de minha vida: minha mãe, minha avó (mãezinha), a tia Filla, minhas irmãs, minhas cunhadas, minha sogra, Cecilia, Ana Ceci, minhas noras, Fernanda e Elena, Anita, minhas amigas de antropologia, da UNAM, da terapia familiar, do Instituto, Elizabeth Méndez, Iris Corzo, Elizabeth Montiel;

aos homens da minha família: meu pai, meu avô (paizinho), meus irmãos, meu primo Bernardo, meus cunhados, meu sogro, Andrés, Daniel, Rodolfito, meu genro Rodolfo;

a Juan Daniel Solana, que foi o primeiro a descobrir que ali estava eu, por debaixo de um disfarce;

a Roberto Fabre, de quem falo muito, páginas adentro;

a meus amigos, uns de toda a vida, outros mais recentes: Ignacio Álvarez Icaza, Antonio Ortiz Salinas, José Agustín Ortiz Pinchetti, Alberto Lozano, Rafael Núñez, Javier Betancourt, Eduardo Berenguer, que me escutaram, acompanharam e refletiram diferentes aspectos do meu ser mulher;

a Agustín Monsreal, amigo e mestre que me convida a me olhar através de meus textos e com quem tenho desfrutado horas inteiras imaginando, recordando, construindo, escrevendo, lendo;

a todos os companheiros e companheiras do Instituto com quem compartilho minha vida cotidiana, próximos, alegres, trabalhando como formiguinhas, sempre dispostos a ajudar e a aprender: Verónica, Gerardo, Liz, Lourdes, Teresa, César, Leonardo. Graças a seu apoio muitos de nossos sonhos se fazem realidade quase por arte de magia;

a Nelio Edgar Paz que, com sua presença e dedicação na Editora, tornou as coisas mais fáceis para nós, apesar dos tempos difíceis.

Por último, quero agradecer à vida por ter-me posto em caminhos onde eu pudesse encontrar a todos os que aqui agradeço e a muitas pessoas mais que encheram meu cântaro e caminharam um pouco comigo, compartilhando.

NO CENTRO ERICKSONIANO DO MÉXICO

Trabalhamos com hipnose natural, durante a qual a pessoa permanece desperta e participando ativamente em seu próprio processo.

Partimos do princípio de que todos nós, os seres humanos, tendemos a crescer e estar bem, mas, ao longo de nossas vidas, as circunstâncias que vivemos vão propiciando obstáculos ao crescimento. Achamos que as dificuldades são parte da vida. Estão aí para nos ajudar a desenvolver habilidades e se convertem em problemas quando nos encontramos bloqueados no crescimento ou não temos à mão os recursos para resolver estas dificuldades e continuar crescendo com elas.

Propomos que a psicoterapia é um processo que se dá entre dois seres humanos para crescer aprendendo a usar bem as qualidades, defeitos, coisas resolvidas e coisas por resolver. Estes dois seres humanos são dois especialistas que se encontram para realizar um trabalho em comum. O especialista em si mesmo, que é a pessoa que consulta, e o especialista nas técnicas, o terapeuta, trabalham juntos para ajudar o primeiro a mudar, de dentro para fora, em seu estilo e no seu ritmo, o que quiser mudar, para crescer e alcançar seus objetivos, aprendendo a desfrutar a vida saudavelmente.

Neste processo, o terapeuta acompanha e cuida da pessoa em terapia para que esta alcance suas metas, aproveitando seus recursos e tudo aquilo que surge no caminho como ferramentas para facilitar a mudança.

Trabalhamos com este enfoque em: psicoterapia individual, de casal, de família, ajudando a manejar problemas de saúde física, promovendo o crescimento pessoal através de diferentes tipos de grupos.

Oferecemos treinamento em: psicoterapia ericksoniana, hipnose médica e odontológica e auto-hipnose.

ÍNDICE

COMO UTILIZAR ESTE LIVRO

Obrigada por se interessar por este livro e por você. Este livro surgiu da reflexão sobre alguns aspectos da minha vida. Espero que convide você a *refletir*. Foi escrito para se ler *desfrutando*, a seu ritmo e a seu estilo. Entre uma e outra reflexão, encontrará exercícios de **auto-hipnose** que poderão ser feitos, caso queira, para melhorar alguns aspectos de sua vida.

Eu sei que quase sempre os livros são lidos a sós, individualmente. Este, que fala de coisas que acontecem conosco, mulheres e homens, de coisas que acontecem nas relações humanas, pode ser, se você quiser, compartilhado com seus amigos e amigas, com seu (sua) parceiro(a). Inclusive, vocês podem fazer juntos os exercícios, ao mesmo tempo, no mesmo lugar, e é muito melhor para todos. Quando um grupo ou pelo menos duas pessoas trabalham juntas com hipnose - que é um estado alternativo de consciência como os produzidos pela meditação, pela oração e pela música - são obtidos resultados melhores do que quando feitos individualmente. As pessoas que praticam a meditação sabem bem disso.

Vocês podem ler o livro e refletir juntos, mas, é claro, cada um *trabalhando consigo mesmo, consigo mesma* porque os exercícios que vão encontrar são exercícios de **auto-hipnose**. São exercícios planejados para serem feitos cada qual consigo mesmo e, dessa forma, são seguros e estão *protegidos*. **Evite aplicá-los em outra pessoa ou que outra pessoa os aplique em você.**

Sua proteção funciona só como exercícios de **auto-hipnose**, deixando livres seus mecanismos naturais de auto-regulação, que lhe permitem chegar até onde lhe for *conveniente e saudável* neste momento. Se você os aplicasse em alguém mais, pressionaria esses mecanismos, que deixariam de funcionar como devem e você poderia provocar problemas nessa pessoa.

Proponho-lhe ler somente até onde o livro lhe faça pensar ou sentir algo e, então, fechá-lo. Dê um tempo antes de continuar para que isso que você sentiu vá *digerindo e acomodando saudavelmente* dentro de você.

Pratique os exercícios tantas vezes quantas você sentir que é necessário, aplicando-os nas distintas situações de sua vida.

Se acreditar que podem beneficiar a alguém que conhece, é melhor recomendar o livro a essa pessoa e deixar que ela mesma faça os exercícios.

Uma boa idéia é gravar, com sua própria voz, os diferentes passos de cada exercício, incluindo várias vezes seu nome. Por exemplo, se eu gravasse para mim o número 1, me diria:

"Eu, Tere, me preparo para fazer o exercício".

Essa gravação é única e exclusivamente para você. Cada pessoa teria que gravar seus próprios exercícios, incluindo seu nome várias vezes.

É importante que siga ao pé da letra estas instruções, para sua própria segurança e para que realmente alcance o que deseja com a auto-hipnose, aproveitando melhor suas capacidades, sem risco:

1. Como acabo de mostrar, os exercícios estão esboçados para que *os faça* sozinho, consigo mesmo.

2. Evite esforçar-se ao usar estas técnicas. Deixe que fluam *espontaneamente*, sem esforço, até onde você *naturalmente* chegue, sem tentar seguir mais adiante, muito menos para *terminá-las*. Se chegar à metade ou achar que "não funcionou", funcionará em outra ocasião. Se, pela metade, adormecer ou se distrair depois de ler o livro pelo menos uma vez por completo, *tudo bem*, sua mente inconsciente o terminará. Isto é diferente de quando você faz várias tentativas e não pode continuar porque se sente incomodado, o que significa que necessita de ajuda profissional para trabalhar este ponto, mais *protegidamente*. Se assim for, por favor, *procure-a* com um psicoterapeuta que trabalhe com estas técnicas.

3. Evite ter idéias preconcebidas sobre o que deve ocorrer ou aparecer durante os exercícios. Deixe que sua mente inconsciente, que é muito sábia, guie você *saudavelmente, naturalmente*, até onde seja melhor para você, e observe com

curiosidade o que é que aparece, ainda que lhe pareça ilógico ou absurdo. Ela tem sua própria lógica.

4. A forma mais simples de trabalhar com auto-hipnose é usando *sua respiração* que é, desde já, para você, o veículo pelo qual a sua mente inconsciente atua. Lembre-se de que saúde e bem-estar andam de mãos dadas e que sua respiração *leva você saudavelmente* nesta aprendizagem. **Esta palavra, *saudavelmente,* é verdadeiramente protetora. Tenha-a sempre em mente.**

5. Usar a auto-hipnose para ir, por conta própria, até o passado pode ser incômodo e é perigoso. Evite fazê-lo sem a ajuda de um psicoterapeuta. Isto é diferente de quando, em algum exercício, aparecem cenas do passado, porque assim foi planejado ou acontece *espontaneamente.* Dessa forma, *fica-se bem e protegido.* Se você sente vontade de viver a experiência de uma regressão faça-o fora dos exercícios deste livro, sob os cuidados de um especialista em psicoterapia.

6. **Siga as instruções** de cada exercício ao pé da letra, sem modificá-las, e verá que, da mesma forma que você respira sempre automaticamente, *sem esforço,* assim também fluem os exercícios, como flui naturalmente a vida, *desfrutando, resolvendo, transformando-se,* se você aprende a deixá-la fluir.

Ao longo do livro, observará que existem palavras em itálico, *assim.* Essas palavras formam outro livro, dentro deste livro, que sua mente inconsciente irá percebendo enquanto você lê parágrafo por parágrafo, página por página. Lido assim, indiretamente, reforça a aprendizagem que você irá tendo e lhe serve de proteção. Se quiser, pode também lê-lo diretamente, lendo rapidamente todas as palavras em itálico. As palavras e frases que estão em negrito, **assim**, são lembretes importantes para sua mente racional.

As palavras em itálico, assim, reforçam sua aprendizagem e protegem você, enquanto que as em negrito lembram coisas importantes à sua mente racional.

Ao longo dos exercícios, você encontrará, repetidamente e em itálico, os advérbios: *saudavelmente, protegidamente, confortavelmente*[*], *automaticamente*; e dois gerúndios: *aprendendo e desfrutando*. Estas palavras são sugestões protetoras para assegurar que os exercícios sempre tenham *bom resultado*, são parte das técnicas que Jorge Abia e eu desenvolvemos e com as quais trabalhamos sempre em nossas sessões.

Aprendendo implica que os erros e as recaídas são parte do processo natural, como ocorre sempre que se aprende, e que as coisas vão melhorando cada vez mais.

Desfrutando sugere que façamos tudo pelo caminho fácil, agradável e orientado ao bem-estar.

Os advérbios são jogos de palavras. Dizer *saudavelmente* é o mesmo que dizer *com mente saudável*. A *mente automática* é a mente inconsciente, que sempre está cuidando de nós e nos protegendo.

Se quiser saber mais acerca disto, você pode consultar os capítulos 1 e 2 de meu livro *La magia de nuestros disfraces*[**] escritos ambos com Jorge Abia, da mesma editora mexicana.

Assim como aconteceu com o uso dos advérbios e dos gerúndios, Jorge e eu começamos a desenvolver toda uma linguagem hipnótica onde, às vezes, não ficava muito claro de quem era a idéia inicial, porque um começava a usar uma sugestão em forma de frase e, logo, o outro a transformava e a completava. Mais tarde, outros colegas do Instituto começaram a pôr também seu grãozinho de areia. De modo que, ao longo destas páginas, você estará acompanhado pela presença de todos nós.

* No espanhol, *cómodamente*, ao que preferimos a forma portuguesa confortavelmente, por acharmos que melhor condiz com a linguagem da indução (N.T.)

** A magia de nossos disfarces (N.T.)

INTRODUÇÃO

Milton H. Erickson, psiquiatra americano, um dos pais da hipnose moderna, descobridor da hipnose natural e inspirador de muitas escolas atuais de psicoterapia, dizia: "A terapia começa em casa, mas na casa do terapeuta". Isto implicava que o terapeuta deve trabalhar consigo mesmo porque ele, sua mente, seu corpo, suas emoções, suas experiências de vida, são seu próprio instrumento de trabalho.

E Milton H. Erickson trabalhou, até seus últimos momentos, com ele mesmo, aplicando nele mesmo suas técnicas. Além disso, rompeu com muitos esquemas do que seria a psicoterapia do seu tempo, especialmente a de orientação psicanalítica. Contava a seus pacientes epiódios de sua vida, que utilizava para que dirigissem a atenção para seu interior, onde estavam as aprendizagens e as respostas para seus problemas. "Se você quer que uma pessoa pense no irmão dela - dizia - fale com essa pessoa a respeito de seu irmão". Contava estes episódios, mostrando-lhes, também, que ele tinha vivido situações parecidas que lhe permitiam entendê-los e que, assim como ele as havia superado, eles poderiam fazê-lo.

Agora, em termos de neurofisiologia moderna, sabemos que **quando dirigimos nossa atenção ao nosso interior, estamos em um estado alternativo de consciência**[1], quer dizer, despertos de uma maneira diferente, e **que** um destes estados alternativos **é conhecido como transe hipnótico** natural.

Cada vez que entramos em um estado de transe hipnótico natural, *colocamo-nos em contato* com nossas experiências de vida, com as aprendizagens que viemos acumulando *consciente e inconscientemente* ao longo de nossa história e que podemos utilizar para resolver as dificuldades que a vida nos apresenta a cada momento. Se *resolvemos* estas dificuldades, *crescemos*, desenvolvemos habilidades. Se não as resolvemos, elas se convertem em problemas.

Este é um livro de auto-hipnose, um livro que convida você, a cada linha, a cada exercício, a olhar *para dentro de si mesmo*. Decerto, os exercícios estão esboçados para colocar você, de maneira eficiente, em *contato com seus recursos* internos, para abrir portas e encontrar caminhos e, então, resolver as dificuldades pendentes, *saudavelmente, protegidamente.*

Nós, os terapeutas ericksonianos, compartilhamos algumas de nossas experiências de vida com nossos pacientes, uns mais, outros menos. Poucas vezes as escrevemos. Eu *fui aprendendo* a fazê-lo, pouco a pouco, em meus livros anteriores. Este livro dá um passo adiante porque parte de um ensaio autobiográfico que escrevi há quase três anos a partir de duas frases de uma poesia de Jorge Abia as quais, desde então, ficaram dando voltas dentro de mim: "Como é *ser mulher*, mas mulher realmente *completa...* ou incompleta?" e "como é *ser homem*, mas homem realmente *completo...* ou incompleto?"

O ensaio se transformou neste livro que é o segundo da série de auto-hipnose. E, certamente, não pretende responder a essas perguntas, já que não há uma resposta acabada. São perguntas que podemos nos repetir por toda a vida e cuja resposta é única e vivencial para cada um. São perguntas que me convidaram à reflexão em dois momentos diferentes e que espero façam o mesmo com você, leitor, com você, leitora.

Como verá nas páginas seguintes, a primeira reflexão me levou a *resolver* vários *obstáculos pendentes* de anos atrás: descobri meus disfarces e os papéis que desempenhava, assim como a existência de meu cântaro, sobre o qual lhe contarei mais tarde. Aprendi a conversar comigo mesma, dando-me carinho; a experimentar e melhorar meus caminhos, a reconhecer caminhos diferentes e inclusive a ensaiá-los; atrevi-me a ver como me refletiam os demais e a enfrentar o lado cinza da vida. Qual não foi minha surpresa quando descobri os tons rosas que ali havia? Também aprendi a resgatar minha força vital, antes oculta, a curar minhas feridas e a ajustar contas com os demais, saudavelmente.

A segunda reflexão me levou, *dentro de mim*, a revisar velhas experiências de vida e a entendê-las de uma maneira diferente, especialmente em minhas relações com os outros, lá fora, e nas relações entre minhas partes distintas, cá dentro. Logo, para meu assombro, meu prazer e minha decepção, eu me dei conta de que havia chegado a este tipo de vivência que nós, seres humanos, compartilhamos, pelo menos os que têm crescido na sociedade e na cultura ocidentais e, como as reflexões me foram muito úteis e desfrutei muito do processo que desencadearam, decidi compartilhá-los com você. Espero que também desfrute deles.

Você se fará a pergunta: por que um livro de Auto-Hipnose? Porque penso que pode lhe servir para resolver dificuldades antes que estas se convertam em problemas, assim como para distinguir as dificuldades dos problemas, e buscar ajuda para resolver os problemas, se existirem.

Este é um livro dirigido às mulheres e aos homens em geral, já que os temas são universais. Eu os vejo a partir de minha perspectiva pessoal, com os matizes de meu ser mulher, forjados através de minha história. É a perspectiva que tenho neste momento. Ao longo destas páginas, você encontrará esta perspectiva complementada pela perspectiva pessoal de Jorge Abia, matizada com suas vivências como homem nesta sociedade.

Parece-me interessante começarmos a discutir mais estes temas porque, talvez assim, possamos nos entender e nos relacionar melhor, todos, como seres humanos completos.

Notas e referências bibliográficas

1. Consciência implica na capacidade de auto-reflexão. A palavra consciência se refere somente ao estado no qual estamos despertos e alertas.

PRIMEIRA REFLEXÃO

Na noite passada, eu me deitei pensando em como começar a escrever este livro e, às sete da manhã, despertei-me com um telefonema de Cecilia, minha filha, que é psicóloga e mora em Cuernavaca. Cecilia vem, às quintas, à cidade do México para trabalhar com terapia no Instituto. Para ela, é uma oportunidade de trocar idéias e experiências com colegas e de ver sua mãe. Há duas semanas, submeteu-se a uma operação de emergência, devido a uma gravidez extra-uterina. Foi uma situação grave. Esteve em perigo de vida. Desde então ficou sem poder dirigir, ou subir e descer escadas. Rodolfo, seu marido, que é dentista, vem trazê-la ao trabalho hoje, atendendo suas consultas nos outros dias da semana. Ele a traz, apesar de não se sentir bem na cidade do México por ter problemas de ouvido.

Cecilia me falou que Rodolfito, de cinco anos, passou muito mal à noite, com diarréia e, como não pode levá-lo à escola nestas condições, perguntou-me se Anita, a moça que me ajuda com a limpeza há vinte e cinco anos, poderia tomar conta dele e de Ana Ceci, de três anos, enquanto ela trabalha no Instituto e Rodolfo aproveita a viagem para falar com seu ex-sócio e pôr em ordem, de uma vez por todas, as pendências que ele tem na cidade do México. Cecilia tem uma hora livre no Instituto e virá em casa para dar um passeio com as crianças.

Rodolfito teve problemas gastrintestinais graves durante mais de um ano. Esteve internado no hospital várias vezes e esta diarréia talvez tenha a ver com a tensão de ter visto sua mãe hospitalizada. Nestes momentos de crise econômica, Rodolfo e Cecilia sobrevivem como muitos mexicanos, gerando dívidas e mais dívidas, com juros e mais juros, sem que suas receitas lhes permitam terminar de pagá-las, desdobrando-se em consultas, cursos, em diferentes cidades, em busca de receitas em fontes diversas.

Eu a escutei, senti sua preocupação e também sua força, e me lembrei de quando eu tinha vinte e sete anos e três bebês e lutava com desespero para ser a mãe perfeita, uma excelente profissional, a esposa ideal, e ainda bem que não me ocorreu ser a filha modelo, pois isso já era bastante.

Saía às sete da manhã, enfeitada, com os três filhos de banho e café tomados, para levá-los à escola; seguia para o trabalho onde me esforçava ao máximo para fazer mais e melhor; pegava meus filhos na casa de uma amiga que havia passado na escola deles, para chegar e comer de bom humor, houvesse o que houvesse.

Brincava à tarde, ensinando-lhes coisas e, certamente, tentando não gritar nem me alterar. Logo que eles dormiam, preparava algo especial para o jantar, para ficar com Roberto, meu marido, tranqüila, compreensiva, sedutora, falando de nossas coisas ou simplesmente estando juntos, mas me mostrando bem.

Só de lembrar e escrever sobre isso, já me canso. Como muitas pessoas, tinha aprendido a atuar de acordo com os papéis sociais estabelecidos, que definem:

A boa mãe é tranqüila, sorridente, não grita, brinca com seus filhos, cozinha para eles, preocupa-se que estejam bem alimentados, limpos, etcétera, etcétera, etcétera, uma lista enorme de qualidades e ações que tem de ir exibindo.

A boa esposa é compreensiva, complacente, sabe ouvir, é inteligente, está a par das notícias, lê coisas interessantes para depois comentar, ajuda economicamente nas despesas, sempre com boa aparência, simpática, sedutora, embora um pouco tímida, etcétera, etcétera, etcétera.

O bom pai é excelente provedor, trabalha muito, esforça-se, não grita, reflete, apoia, escuta e compreende os filhos, serve-lhes de exemplo, etcétera, etcétera, etcétera.

O bom esposo é fiel ou, se trai a mulher, cuida para que ela não saiba e nada lhe falte, é generoso com o dinheiro, apoia os projetos de sua mulher, sempre tem tempo para ela, é detalhista, carinhoso, conversa, é bom amante, terno, mesmo que não a procure muito, respeita a regra de: "O dinheiro que eu ganho é para casa e o que você ganha é seu", etcétera, etcétera, etcétera.

E se se deixa de tentar exibir tudo isso por um momento, tudo mais perde o sentido. Com cada papel vem um disfarce, às vezes tão rígido que é como um molde colado com cola, e de tanto vê-lo, de tanto exibí-lo e exibir a lista de comportamentos que vem com ele, esquecemo-nos que estamos por debaixo, olhamo-nos e o confundimos com nossa própria pele.

Nessa época, trazia em mim um disfarce de super-mulher que me deu muito trabalho para me livrar dele e começar a aceitar que poderia, de vez em quando, ficar mal, cansada e também cometer falhas, além dos acertos. Menos mal que a Cecilia, apesar de suas exigências aprendidas e da dificuldade de sua situação atual, se dê mais permissão que eu, nessa época me dava, de ser como é, de gritar de vez em quando, e também vive intensamente e se compromete.

Como eu gostaria de, aos vinte e sete anos, saber o que sei agora. Ficaria encantada em chegar junto da Tere, atuando com consciência o seu papel de super-mulher e laçá-la em um desses momentos em que - entre brincar de casinha com Cecilia e ajeitar-lhe os almofadões para que não caiam, dar atenção ao que Andrés, brincando, "tocava" no piano e dar um pouco de água a Daniel, de um ano, que já bebia no copo sozinho - escapava um minuto para o seu quarto a fim de respirar, e convidá-la a conversar um pouco comigo.

Eu lhe diria: "seus filhos sabem dar um jeito sozinhos, por um momento, e, além disso, aí está Anita com eles que gosta muito deles e é muito boa. Por favor, *dê-me um momento do seu tempo para você mesma*, para mim, para as duas". Também poderia laçá-la, tentando estudar, frente ao livro, cabeceando, depois de colocar os filhos para dormir. E teria cedido com toda certeza, porque nessa época não era capaz de dizer não, nem a mim nem a ninguém que lhe pedisse algo, porque dar, dar e dar, estar sempre disposta a ceder à vontade de alguém, é um dos pontos essenciais da lista dos papéis que começam com "boa..."

Não precisaria me apresentar porque, imediatamente, me daria conta de que eu era ela vinte e cinco anos depois. Então eu lhe contaria o que Jorge Abia e eu escrevemos sobre os disfarces, no primeiro livro de Auto-hipnose.[1] Iria lhe explicar sobre os disfarces que nossa família nos havia imposto tenazmente desde antes de nascer, e de como tentávamos impor-nos tenazmente o de super-mulher, que nos parecia valioso, por cima dos outros, para escondê-los. Para que entendesse como o afã de ser mulher maravilha vinha de muito tempo atrás, eu lhe diria:

"Há uma lembrança que você tem bem gravada. Você, eu, mais ou menos aos três ou quatro anos de idade, sentadas com um vestidinho curto na escada que dava no hall da casa, espiando mamãe que conversava com uma amiga, dizendo-lhe 'precisa ver que boa garota é Teresita. Eu a amo muito."

"Logo você irá entender que essa é uma lembrança encobridora que serve para esconder os outros muitos momentos em que só escutava sobre você 'é terrível', 'já não sei o que fazer com ela'. É que você era uma garota muito inquieta, muito cheia de vida."

"Desde então, desde sempre, aprendeu que tinha de ser boa e linda para ser querida e se pegava lutando para ser reconhecida como a garota boa e bonita, a fim de que gostassem de você, como você precisava. E como isto não era possível, porque simplesmente dizer ou fazer o que ocorria a você, mostrar suas emoções, poderia destoar daquilo que mamãe, papai e os demais consideravam como garota boa e bonita, você começou a lutar desesperadamente para convencê-los ou, pelo menos, se convencer de que você era assim. Dessa forma, começou esta confusão entre Tere ideal e Tere real, ou melhor, você começou a esconder a Tere real com a Tere ideal. A esconder seus defeitos, seus erros e suas limitações, aquilo que você acreditava que não a fazia amada, para ver se assim lhe podiam dar esse carinho incondicional, maravilhoso, que estava reservado às boas garotas."

"Quando você se deu conta, Tere, que os ideais são isso, ideais, e, portanto, apenas modelos para os quais podemos tender, mas que nunca iremos alcançar, e que a realidade se constitui de coisas boas e más, de que gostamos e de que desgostamos, que podem ser modificadas, mas que são o que possuímos, poderá seguir com seu papel de super-mulher e até desfrutá-lo, sem tomá-lo tão a sério, sabendo que cada falha é uma indicação de algo que falta para melhorar."

"O problema é que, até agora, você tinha acreditado na história de que você teria de ser esse ideal e tem lutado com desespero para esconder seus erros de você mesma e dos outros, perdendo a oportunidade de aprender com estes erros. Por isso, quando se dava conta de um erro, de que faltava um ponto para ser perfeita, acreditava, por um momento, que você não era nada, ou até era o oposto da super-mulher."

"Por favor, deixe de oscilar entre estes extremismos, pois você é uma mulher real, de carne e osso, com qualidades e defeitos, com capacidades e limitações, que tem a vida pela frente e muito o que aprender."

"Se comparamos os ideais com as realidades, os ideais sempre ganham, ainda que na realidade percam, já que só existem como ilusão. As realidades, mesmo que percam, ganham pelo fato de serem o que temos e elas, sim, SÃO."

"As realidades, nossas realidades, com nossos defeitos e qualidades, ganham, porque tudo o que nos assusta ou nos desgosta nelas se torna nosso aliado ao nos mostrar o que é que temos de melhorar."

"Convido-a, Tere, a que renuncie ao que não pode ser para ser o que você é: Você, você mesma. Convido-a a que renuncie a esse carinho que você acreditava terem prometido e que nem sequer existe porque é ideal, para poder ter, prontamente, o melhor carinho para você, o que você pode se dar."

"Assim é que, por agora, eu prometo fazer o maior esforço para amá-la incondicionalmente como você é, faça o que fizer, deixe de fazer o que deixar de fazer, aconteça o que acontecer. Prometo amá-la incondicionalmente com qualidades e defeitos, completa."

"Hoje de manhã, uma amiga, Halina Raisbaum, comentou comigo: Muitas vezes, buscamos o amor onde deveria estar e não onde está. Acho que ela tem toda a razão."

Nesse encontro, ensinaria à Tere de vinte e sete anos sobre este livro, recém-publicado em 1997, onde são encontrados exercícios para a pessoa aprender a dar-se carinho, assim como para aprender a recebê-lo dos outros, e a convidaria, como convido você, a fazer o primeiro exercício. Em seguida, eu a convidaria a ler todo o livro.

Antes de começar, explicaria como trabalhamos, no Instituto, a respiração como mecanismo de mudança automática, saudável, lendo as páginas 39 e 40 do primeiro livro de Auto-hipnose, escrito com Jorge Abia:

"*Sua respiração* é muito importante, e não somente porque lhe dá vida. Cada vez que você respira, ainda que você não se dê conta, *automaticamente*, está chegando oxigênio a todas as suas células, a todas as suas partes, exatamente a quantidade de oxigênio de que necessitam, neste momento, para estar bem. E assim, sua respiração está *conectando todas as suas partes saudavelmente, automaticamente.*"

"E cada vez que o ar entra por seu nariz, por sua boca ou por ambos, sua respiração digere isso que entra e aproveita exatamente o necessário, o que lhe faz bem, levando o oxigênio a todas as suas células, automaticamente, e jogando fora o excesso de dióxido de carbono que, se ficasse dentro de você lhe faria mal, *limpando* todas e cada uma de suas células, todas e cada uma de *suas partes.*"

"E cada vez que você respira, ocorrem dentro de você, *automaticamente*, milhões e milhões de mudanças, *saudavelmente* organizadas, em todas as suas células. Sempre *mudando saudavelmente*, automaticamente, sempre *nutrindo você e limpando você* do que lhe poderia ser ruim."

"Mas o mais importante é que é um processo que se faz desfrutando, sem necessidade de fazer esforços, e que continua durante o dia, durante a noite, durante toda a sua vida, *sempre saudavelmente*, automaticamente, desfrutando".[2]

Eu aprendo a me prometer e me dar carinho

EXERCÍCIO 1

A - Preparo-me para fazer o exercício

Pegue uma fotografia sua, lápis e papel. Se você não tiver a fotografia, o lápis e o papel são suficientes. Acomode-se em algum lugar agradável onde possa ficar um pouco a sós, você com você mesmo. Coloque a foto à sua frente.

B - Escrevo meu nome

Escreva seu nome completo, com todos os nomes que você tenha, com seus apelidos e com seus sobrenomes, o paterno e o materno. Construa com ele esta frase:

Eu (SEU NOME COMPLETO), prometo a mim, (SEU NOME COMPLETO), fazer meu melhor esforço para me amar incondicionalmente, *saudavelmente*, assim como sou, nas coisas boas e nas más, na saúde e na doença, haja o que houver, deixe de fazer o que deixar de fazer, aconteça o que acontecer. Prometo amar-me incondicionalmente com qualidades e defeitos, por completo.

C - Prometo-me carinho

Abrace sua foto e, se não tiver a foto, abrace a si mesma, e repita três vezes a frase que você construiu. Fique assim um momento, *desfrutando saudavelmente* como você está *aprendendo a se dar carinho incondicionalmente.*

Ainda que pense que não lhe sai de forma natural, que é forçado, faça este exercício e repita-o à noite, antes de dormir. Logo você verá como, pouco a pouco, irá *aprendendo a se amar, a se querer.* Às vezes, a mudança tem que começar por um pequeno ato de vontade e o restante *flui automaticamente, sempre saudavelmente.*

Com a tranqüilidade de que você já *está aprendendo a se amar*, que você já prometeu aprender a *amar-se incondicionalmente* sendo você, de carne e osso, com suas limitações, agora podemos *separar o ideal de sua realidade*, colocando cada um em seu lugar.

Eu aprendo a separar o ideal de minha realidade

EXERCÍCIO 2

Este exercício, como todos os demais, foi pensado para ser feito no seu ritmo, no seu passo. Assim, se for mais confortável para você, ou se você acredita que está em processo de mudança que corresponde a uma das partes dele, você pode fazer o exercício parte por parte, pouco a pouco, a cada dia, *com a tranqüilidade* de que, uma vez iniciado o exercício, sua respiração e sua mente inconsciente continuam *trabalhando* para você *automaticamente*, con-cluindo *saudavelmente* essa parte. Se preferir, pode fazê-lo por completo de uma só vez.

A - Acomodo-me de forma confortável

Acomode-se aí onde está e, com os olhos fechados, sem procurar fazer nada, sinta sua respiração, como *você está respirando* agora, neste momento. Sinta o ar passando através do seu nariz, da sua boca ou de ambos, em um sentido, em outro, *saudavelmente, protegidamente, confortavelmente.* Sinta como seu peito se move em cada respiração, em um sentido, em outro, *automaticamente.*

B - Percebo minha confusão entre o ideal e minha realidade

Recorde o que falávamos, há um momento, sobre como se foi gerando essa confusão entre o ideal que você queria alcançar para ser querido, para ser querida, de maneira absoluta e incondicional, e sua realidade, que você ocultava para evitar ver e mostrar seus defeitos.

E, enquanto você está refletindo sobre tudo isto, talvez com lembranças, talvez com idéias, muito provavelmente sentindo emoções e sensações físicas que têm a ver com esta confusão, observe como *aparece confortavelmente, protegidamente*, representada por qualquer forma, *essa confusão.*

Pode aparecer como algo difuso ou muito concreto, como uma lembrança que condensa tudo o que essa confusão é e tem sido em sua vida.

Pode aparecer de forma tão abstrata como algumas linhas, cores, sons, sabores ou sensações físicas, ou tão concreta como a imagem de um objeto, uma planta, um animal, um personagem.

Pode aparecer como uma obscuridade ou um nada, porque assim se vive essa confusão, o importante é aquilo que *aparece* primeiro, é isso mesmo, por ilógico, estranho ou absurdo que pareça. Você já se deu conta do que foi que apareceu?

C - Distingo entre o ideal e minha realidade e ponho cada um em seu lugar

Sinta sua respiração e observe como, sem que você faça nada, ela vai chegando *protegidamente, confortavelmente* a essa confusão e aí, nela, vai distinguindo, *separando, saudavelmente, automaticamente*, o ideal de sua realidade e *pondo cada um em seu lugar*. O ideal com os ideais vem de fora e pode ficar de fora, como modelo. Sua realidade é parte de você, está dentro de você, onde sempre esteve.

Observe como tudo isto está acontecendo *sem que você faça nada, protegidamente, saudavelmente, automaticamente.*

E você se dá conta de como isto acontece, porque *aparece uma mudança* no que está percebendo ou *porque aparece uma sensação agradável* em seu corpo, que antes não existia e que é o sinal de *que este processo já se deu e continua* durante o tempo que for necessário, sempre *automaticamente*, sempre *saudavelmente*, a cada respiração.

Se lhe parecer que a imagem da confusão continua igual, despreocupe-se, pode continuar igual por um tempo, mas saudavelmente renovando-se a cada respiração, de maneira que, ainda que você não dê conta, a distinção e a separação entre o ideal e sua realidade já estão acontecendo dentro da confusão, de forma satisfatória, cada um tomando o seu devido lugar, automaticamente, protegidamente.

D - O ideal e minha realidade se reconhecem e se renovam saudavelmente

Sinta sua respiração e observe como, sem que você faça nada, a cada respiração, e cada um, a partir de si mesmo, o ideal e sua realidade estão se conhecendo, estão se reconhecendo, *estão se comunicando, aprendendo um com o outro* e renovando-se *saudavelmente, protegidamente, automaticamente.*

Observe quando aparece uma sensação agradável, por menor que seja, como sinal de que *este processo continua por si só,* durante o tempo que for necessário. Uma vez que este sinal apareça, quando quiser terminar o exercício, faça uma respiração profunda e abra os olhos.

Agora que *aceitamos a nossa própria realidade,* a forma como somos, *podemos ver a realidade* em geral, a sua, a minha, a dos outros, com tudo o que há de positivo e negativo, com aquilo de que gostamos e de que não gostamos nela. Você se perguntará: Como vamos fazer para *aproveitar os erros e aprender com eles,* se nunca fizemos isso?

Você se engana. *Sim, nós já fizemos isso.* Durante nossos primeiros anos realizamos as aprendizagens mais difíceis de nossa vida, por ensaio e erro. Você, eu, todos o fizemos *muito bem.*

Provavelmente você não se lembra, mas foi muito difícil aprender a falar e a caminhar, e *você conseguiu experimentando e treinando*, dando-se conta de como não eram as coisas.

Já experimentou ver um bebê quando começa a falar? Primeiro repete e repete sons e sílabas, imitando, *praticando.* Logo, quando chega o momento de dizer uma palavra para pedir algo ou simplesmente se fazer entender, observa com curiosidade a expressão dos adultos, como reagem. Jorge diz que é como um jogo de adivinhação. Se fizer sentido, alcanço o que quero; se não, a reação dos adultos me ensina que não é assim e posso *tentar de novo.*

Às vezes, as reações dos adultos me ensinaram que, sem querer, havia pronunciado outra palavra. *Aprender* a falar foi muito difícil e todos *nós o conseguimos.*

O mesmo aconteceu quando *aprendemos* a caminhar. Quantas vezes nos apoiamos mal sobre os pés e nos balançamos demais e caímos e *levantamos de novo.* Em cada queda aprendemos o que não devíamos fazer. E cada vez que nos levantamos, experimentamos como apoiar sobre os pés e equilibrar o corpo de uma maneira diferente. E conseguimos. E essas aprendizagens *duram para sempre.* Se eu agora tropeço e caio, ninguém vai pensar que é porque eu não sei caminhar.

Falamos e caminhamos *sem esforço,* sem necessidade de prestar atenção em cada palavra, em cada passo. *Os aprendizados* que nos dizem como fazê-lo *estão dentro de nós mesmos* e simplesmente *fluem, acontecem.*

Essas são as aprendizagens que podemos utilizar *agora para aprender com os erros e os enganos.* Convido-o a dar um mergulho dentro de você para encontrá-los e tê-los à mão, com o seguinte exercício.

Eu reaprendo a aprender com meus erros

EXERCÍCIO 3

Se você está se perguntando como vai fazê-lo, *despreocupe-se,* pois logo irá aprendendo, ao longo do livro, que com esses exercícios *os processos acontecem sozinhos, automaticamente,* sempre *saudavelmente,* sem esforço. *Essas aprendizagens* já *estão,* desde muito tempo, desde toda a vida, *dentro de você.*

A - Minha respiração descobre minhas aprendizagens

Acomode-se aí onde está e, com os olhos fechados, sinta *sua respiração,* essa respiração que *é vida saudável* e que tem estado com você desde o momento em que você nasceu. Sinta sua respiração que *chega a todas as suas partes,* a toda você, completa, a todo você, completo. Sinta sua respiração que chega a todas as suas cavidades, a todos os seus vácuos, preenchendo-os *saudavelmente,* a todas as suas saliências, a todos os seus cantos e a todas as suas curvas.

Sua respiração está chegando *ao mais profundo de você,* ao mais íntimo do seu ser, onde estão *as marcas de tudo o que você viveu.* E aí sua respiração está encontrando *estas aprendizagens velhas,* muito velhas, para *aprender com os erros* e os enganos *e crescer.* Aí estiveram sempre, guardadas, esperando este momento.

Você já se deu conta de que *sua respiração as encontrou?* Pode se dar conta porque aparecem em forma de imagem ou de alguma sensação agradável, ou porque simplesmente você tem a certeza de que isso *já aconteceu.*

B - Minha respiração põe essas aprendizagens à mão

Observe como agora sua respiração, sem que você faça nada, traz à sua consciência essas aprendizagens, deixando-as à mão para serem usadas quando necessário, e *apresenta-as a você protegidamente,* quer seja em forma de uma imagem, uma sensação física, uma cor, um cheiro, um sabor, uma palavra, uma idéia, uma lembrança, uma luz, em qualquer forma. O primeiro que aparece é o que é, por ilógico e estranho que lhe pareça.

Você já se deu conta do que foi que lhe *apareceu?* Observe bem porque isso que *apareceu são aprendizagens, para você aprender com seus erros, automaticamente, saudavelmente, protegidamente.* E basta que você sinta *com sua respiração* o desejo de que se façam presentes, para que *se ativem e trabalhem automaticamente para você.*

C - Tento aprender com meus erros

Faça uma respiração profunda e observe como *chega* à sua mente, à sua imaginação, *uma lembrança* dessas situações *em que antes você se sentia mal,* muito mal, *por ter errado,* e talvez tentasse escondê-lo ou culpar os outros pelo seu erro.

Deixe que sua respiração e sua mente inconsciente reconstruam essa situação com todos os detalhes e, enquanto o fazem, sinta sua respiração com o desejo de ter à mão *suas aprendizagens para aprender* com os erros, e observe como *aparecem,* aí estão, talvez os veja ou os sinta, ou simplesmente saiba que *estão aí.*

Observe agora como essa situação, que sua respiração e sua mente inconsciente estão reconstruindo, pode continuar igual, mas agora você aí *se sente e atua diferente,* porque já mudou dentro de você o que era necessário mudar, para reconhecer seus enganos e aprender com eles *saudavelmente, protegidamente.*

Fique aí revivendo esse momento e, quando sentir que já foi suficiente, faça uma respiração profunda e abra os olhos.

Se eu, com minha experiência de 52 anos de idade, pudesse *ajudar-me* aos vinte e sete, a história teria sido diferente. Mas qual história? A que vou lhes contar? Essa é parte da minha história oficial como a entendo neste momento e, portanto, creio que, até o dia de hoje, seria igual. É que temos mais de uma história.

Nossa história oficial é a seqüência de acontecimentos que acontece no mundo de fora e que compartilhamos com todos os outros. Essa história já está escrita, e escrita fica, quando muito, *podemos contá-la* com uma lógica *diferente,* sublinhando mais alguns detalhes e atenuando outros.

Temos também uma história íntima, pessoal, como a chama Jorge Abia, que é parte de nosso mundo interno. É a que aparece nos sonhos, quando sonhamos acordados, quando sonhamos dormindo. Aparece ao fazermos os exercícios desse livro e quando estamos *imaginando* ou *sentindo* mais que refletindo com idéias.

Esta história é a que *influi sobre nosso corpo* e sobre *nossas emoções* e, afortunadamente, está *sempre mudando,* sempre fluindo, *sempre se reconstruindo.* Em nossa história íntima, pessoal, podemos transformar os cenários, mudar os personagens e introduzir novos, como eu acabo de fazer, apresentando-me, com meus conhecimentos e experiências atuais de vida, a mim mesma, há vinte e cinco anos atrás.

E ainda que a história oficial continue igual até hoje, porque esse encontro nunca se deu no mundo de fora, ele se deu sim em meu mundo interno, hoje, domingo, 4 de fevereiro de 1996, às quatro e meia da tarde, ao escrevê-lo. E a Tere de hoje mudou, daqui em diante, melhorando saudavelmente sua roupagem de super-mulher, que por certo, lhe agrada muito. Talvez tenha aprendido a usá-la mais *descontraidamente,* sem lhe dar tanto valor, sem ter que ostentá-la nem me sentir obrigada por ela.

Você, leitor, você, leitora, gostaria de se ajudar em outra etapa de sua vida, utilizando a força e a experiência que tem agora? Se quiser, você pode fazê-lo transformando sua história íntima, pessoal, com o seguinte exercício.

Eu aprendo a transformar, *saudavelmente*, minha história íntima

EXERCÍCIO 4

Lembre-se de que sua história oficial, antes deste momento, continua igual, mas suas duas histórias se renovam a partir de agora, para que você viva melhor, como você quer viver, *saudavelmente.*

Em sua história íntima, em seu mundo interno, a partir do momento em que você fizer esses exercícios, você já está acompanhando você. O que acontecer no mundo de fora será melhor e diferente do que teria sido se você não tivesse se dado a oportunidade deste encontro.

A - Escolho em que momento de minha vida necessito de ajuda

A partir daqui, de onde você está lendo esse livro, *protegidamente, confortavelmente,* e sabendo que essa história já passou, que você sobreviveu aos maus momentos e *você cresceu* e se fortaleceu ao superá-los, escolha um momento de sua vida em que você precisou da ajuda que agora você pode se dar. Escolha um de cada vez, sabendo que pode repetir este exercício quantas vezes forem necessárias.

B - Preparo-me para o encontro

Pegue uma foto sua dessa época. Se não tiver, pegue um papel bonito e, de preferência, um lápis ou uma caneta especial para escrever uma carta para você e comece-a com uma frase carinhosa. Para assegurar que você seja bem recebida, bem recebido, por você mesmo, nesse momento, torna-se primeiro necessário garantir a você mesmo, você mesma, que você se ama.

C - Dirijo-me a mim, *dando-me carinho*

Olhando sua foto, ou a primeira linha de sua carta, sinta *sua respiração* e deixe que ela, *automaticamente,* sem que você faça nada, *protegidamente,* lhe leve *de dentro de você mesmo* todo o *carinho,* a *compreensão,* o *apoio* de que você necessita, em cada respiração, *saudavelmente, automaticamente, protegidamente.* Você está *aprendendo a se dar carinho,* compreensão e apoio, *aprendendo a desfrutá-lo.* Fique simplesmente *sentindo sua respiração* e deixe que ela lhe encha, agora, de todo o carinho, compreensão e o apoio de que você necessita nesse momento, até que sinta que já foi suficiente.

D - Dirijo-me a mim, conversando comigo

Pense o que você gostaria de dizer a você mesma, a você mesmo, e que ajudaria você neste momento. Pense como você gostaria que isso lhe fosse dito. E assim, carinhosamente, *diga tudo isso* à fotografia, face a face, ou *escreva tudo isso* a você, na carta.

E - Despeço-me por agora

Quando você tiver dito tudo o que necessitava dizer para você, despeça-se *carinhosamente,* por agora, *convidando você* a voltar a *procurar você, saudavelmente e com carinho*, cada vez que necessitar se dar compreensão, apoio ou conversar com você, às noites, *enquanto dorme,* utilizando, *protegidamente, automaticamente,* os mecanismos com que você constrói *sonhos agradáveis,* de que você *desfruta saudavelmente.*

F - Termino o exercício

Ponha a foto ou a carta perto de sua cama, à vista, durante uns dias e depois pode guardar a foto no lugar onde estava e, se quiser, queimar a carta e enterrar as cinzas em algum vaso de sua casa.

Também quando *for ter muitos reencontros agradáveis* em seus sonhos, você pode, se quiser, repetir este exercício, *conversando com você mesmo* em diferentes momentos de sua vida.

Mas, "como é *ser* mulher, mas mulher *completa* realmente... ou incompleta?" Esta frase foi escrita em uma poesia, por um homem, Jorge, meu sócio, que também se pergunta na mesma poesia "como é ser homem, mas homem realmente *completo...* ou incompleto?" E conclui: *"no estilo de cada um".*

Esta poesia, estas frases têm sido para mim *um convite* para me *olhar* para *dentro.* Uma das tantas vezes que aceitei esse convite deu origem a este livro, que começou com o intuito de entender minha vivência sobre meu ser mulher:

o que conheço, o que entendo e o que me atrevo a mostrar e dividir com você, ao escrevê-lo, agora.

Animei-me em reproduzi-lo em um livro pensando que minha experiência poderia *convidar* muitas pessoas, mulheres, homens, *a refletir sobre si* mesmos, sobre as pessoas próximas e sua relação com elas. Por outro lado, os exercícios são úteis para todo mundo.

Estou segura de que há muitas coisas da minha história oficial que não vejo, outras que não entendo e outras mais que, no momento, não quero dizer. Eu as estou cozinhando e talvez venham a sair depois.

Ao falar de mim, aparecem vários protagonistas que podem ter vivências ou até histórias distintas. Esta é a minha, a que tenho neste momento e, antes de publicá-la, dividi com eles.

Parece-me que *caminhamos pela vida* dando passos e tropeços nos lugares cheios de gente, gente com boas e más intenções, com quem às vezes nos encontramos, às vezes *nos olhando,* às vezes *nos tocando e nos abraçando,* às vezes nos dando esbarrões que doem, ainda que tenham sido sem querer. E não falta quem, *de repente,* nos meta o pé. E, sendo assim, precisamos *aprender a nos proteger,* construir uma boa couraça.

Algumas pessoas têm recebido tantos empurrões, machucados e pisadas que se isolam; dá-lhes medo sair, sentem-se frágeis. Outras não saem porque fizeram com que acreditassem que não sabem caminhar e lhes assusta ofender os outros.

Se você está em qualquer dessas situações, convém a você fazer o seguinte exercício para *descobrir sua couraça e renová-la saudavelmente.*

Quando eu falo de uma *boa couraça,* quero dizer: nem tão frágil que não nos proteja, nem tão dura e grossa que nos asfixie ou atropelemos os outros. Existem pessoas que, ao longo de suas vidas, vão se munindo de couraças muito pesadas e grossas para encobrir a dor das feridas velhas de sua história. Essas couraças, apesar de encobrir a dor e as emoções que as acompanham, também encobrem, conseqüentemente, as belas emoções. Dificultam-nos sentir e expressar carinho, ternura, confiar novamente nos outros e nos entregarmos de maneira protegida. Fazem-nos perder muitas coisas boas.

Por isso, é importante caminhar pela vida com uma *couraça* confortável, sadia, flexível, *que permita fluir as emoções saudavelmente, protegidamente.* É isso que vamos trabalhar no exercício seguinte.

Eu aprendo a caminhar pela vida protegidamente

EXERCÍCIO 5

A - Imagino minha couraça

Com os olhos abertos ou com os olhos fechados, dê-se um momento para se pôr confortável, aí onde você está; sinta como o ar passa por seu nariz, por sua boca, ou por ambos, em um sentido, em outro, *protegidamente, saudavelmente, automaticamente.* E agora imagine, sinta, lembre-se de sua couraça, essa couraça que você foi criando pela vida afora.

Observe como é ela, leve ou pesada, feia ou bonita, quanto ela cobre de você? como você se sente vestido (a) com ela? e ao mover-se? experimente-a e observe-a com todos os detalhes. Se você *acredita* que não a tem, *despreocupe-se, sua respiração* sabe como construí-la e o faz *automaticamente,* sem que você faça nada e mesmo pensando que não pode fazê-lo.

Fique aí sentindo sua respiração e observando, sem procurar fazer nada, como sua respiração *está construindo essa couraça.* Talvez você comece a senti-la ou a olhá-la, ou simplesmente tenha a sensação de que já está sendo construída.

Despreocupe-se e prossiga com o exercício, sabendo que *estes processos,* uma vez iniciados, *continuam por si mesmos, saudavelmente, automaticamente, a cada respiração.*

Você está *aprendendo* a conhecer e a construir sua couraça e está *desfrutando* disso.

B - Renovo saudavelmente minha couraça

Se houver qualquer coisa para ajustar ou melhorar em sua couraça, ou ainda se acredita que não a tem, *despreocupe-se,* sinta apenas *sua respiração* e observe, como se fosse um filme que termina justo quando você tem a couraça saudável de que você necessita neste momento, já que sua respiração *se ocupa* em construir o que tem de ser construído, de ajustar *automaticamente, saudavelmente,* o que tem de ajustar, *sem que você faça nada.*

Somente perceba sua couraça e de que forma sua respiração *a constrói, a ajusta, a renova saudavelmente, tornando-a mais flexível, mais leve e confortável para você, protegida e seletivamente permeável às emoções.*

É uma couraça que *você põe e tira facilmente, automaticamente,* sempre que necessário. Sua respiração está trabalhando para você. Pode ser que você a veja ou que a sinta, ou que simplesmente saiba que *está aí, ajustando-se, melhorando-se, saudavelmente, automaticamente.*

C - Experimento minha couraça

Faça uma respiração profunda e observe como você se vê, se sente ou se imagina *desfrutando o caminhar pela vida com sua* nova *couraça,* já flexível, *saudavelmente* renovada e, *automaticamente, renovando-se* a cada respiração.

Observe como essa couraça *se adapta* ao que você necessita *a cada momento,* de acordo com o caminho e os caminhantes que encontra. Note como *se põe e se tira facilmente, protegidamente,* sempre que necessário.

Existem alguns lugares onde você pode estar protegidamente e bem, sem couraça, enquanto em outros necessita apenas de uma couraça leve, e outros ainda em que é melhor ter uma mais resistente.

Observe em que tipo de situação você está agora e como *sua nova couraça se adapta automaticamente, saudavelmente,* neste momento, e de que forma protege você *automaticamente* dos golpes, dos tropeços e das pisadas, e também permite você tocar e abraçar *protegidamente* a quem quiser fazê-lo.

Observe de que forma está *aprendendo a se aproximar e se afastar protegidamente* dos demais, *aprendendo* a se dar conta de *a que distância se sente bem* com cada pessoa.

Quando estiver em situações de convivência onde achar que você pode ser atropelada, atropelado ou atropelar, prepare-se fazendo este exercício.

Uma vez que *aprendemos a caminhar* pela vida *protegidamente,* podemos continuar com os exercícios e aproveitar que os outros com quem nos encontramos nos sirvam de espelho e seus reflexos, quer nos agradem, nos aborreçam ou nos assustem, nos mostram coisas interessantes. Quer saber como?

Eu aprendo com os reflexos dos outros

EXERCÍCIO 6

Para fazer este exercício e qualquer outro, dê-se primeiro um momento e acomode-se em um lugar especial.

A - Recordo situações aborrecidas

Pense em características, atitudes ou reações, de alguém, que aborreçam a você. Feche os olhos e lembre-se, *protegidamente,* confortavelmente, dos momentos em que isso aborreceu você. Relembre-os *saudavelmente,* com todos os detalhes.

B - Aprendo com essas lembranças, através de minha respiração

Sinta sua respiração, sinta como passa o ar por seu nariz ou por sua boca, ou por ambos, entrando, saindo, e deixe que sua respiração entre em contato com essas lembranças, *protegidamente, saudavelmente, aprendendo com elas,* tomando *seus reflexos* para si, *saudavelmente* e *preparando-se para conhecê-los protegidamente,* a cada respiração, *automaticamente.*

C - Olho meus reflexos, *protegidamente,* e aprendo com eles

Sinta sua respiração e deixe que ela traga à sua memória, *protegidamente,* a uma distância confortável para você, lembranças de momentos e situações em que você atuava e fazia a mesma coisa que aborrecia você nessa outra pessoa. Deixe que sejam mostradas *saudavelmente,* de uma maneira aceitável para você, que lhe permita reconhecê-las e *aprender* com elas, com o incômodo mínimo indispensável que leve você *a mudar.*

D - Aceito meus reflexos

Enquanto você lembra esses momentos a uma distância protegida, repita internamente, sílabado:

AS-SIM SOU NO MEU JEI-TO DE SER, AS-SIM SOU NO MEU JEI-TO DE SER, AS-SIM SOU NO MEU JEI-TO DE SER.

E - *Digiro o aborrecimento*

Sinta sua respiração e deixe que ela vá *digerindo protegidamente, automaticamente,* confortavelmente, *esse aborrecimento,* até fazer com que se sinta bem.

F - Inicio a mudança

Repita internamente, em sílabas:

NO MEU JEI-TO DE SER, AS-SIM TEM SI-DO A-TÉ A-GO-RA,

NO MEU JEI-TO DE SER, AS-SIM TEM SI-DO A-TÉ A-GO-RA,

NO MEU JEI-TO DE SER, AS-SIM TEM SI-DO A-TÉ A-GO-RA,

G - Experimento a mudança na imaginação

Imagine-se, com todos os detalhes, nas mesmas situações e momentos em que *antes você agia* dessa forma que o aborrecia, a aborrecia, nos outros e observe de que forma *agora é diferente* porque *já mudou* o que era *necessário* mudar dentro de você, e agora você *age, vive, reage* de uma maneira *diferente, saudavelmente,* como gosta e lhe parece *bem,* em harmonia com os outros e com a situação.

Ao caminhar pela vida, encontramo-nos com todo tipo de pessoas que nos refletem de um modo, de outro, e tornam evidentes nossas qualidades e nossos defeitos. Claro que as imagens vêm de volta segundo o ângulo, a força e a emoção com que as lançamos.

Do meu pai fica a imagem: "Viver é sentir, segue sentindo para seguir vivendo". Mas os reflexos valiosos não vêm apenas de adultos brilhantes, inteligentes. Meus dois filhos, quando crianças, mostraram-me o ridículo do meu disfarce de super-mulher e me ajudaram a me livrar dele.

Uma tarde, depois de um dia difícil, como eram quase todos nessa época, estava cozinhando chilaquiles* para jantar e negando meu cansaço quando vi Daniel, de seis anos, passeando pela borda do terraço. Desesperada, aborrecida, assustada, gritei para ele e o fiz descer aos trancos. Dei conta da minha descompostura e tentei fazê-lo entender que eu não gostava de maltratá-lo, que me havia assustado muito e que estava muito cansada.

A isto seguiu-se uma longa explicação sobre porque ia à psicanálise, meus desejos de mudar e estar bem com todo mundo e o tanto que era difícil. Daniel, choramingando,

* Nota do tradutor: plural de chilaquil, espécie de tortilha com molho de pimenta ou pimentão (Pequeño Larousse)

me respondeu: "Pois então *mude* rápido porque me doem muito seus trancos e, se você está cansada, então descanse". *Descanse,* descanse, descanse... ficou repercutindo dentro de mim.

Até então não me havia ocorrido que poderia deixar de fazer coisas e descansar. Não acabei as chilaquiles, fui ao meu quarto deitar um pouco e me pus de *bom humor* como há muito tempo não ficava.

Não obstante, tinha ainda que passar por muitas experiências para entender, aceitar e viver o descanso como tão válido e valioso quanto as outras coisas que valorizamos socialmente e, mais ainda, como indispensável para poder fazê-las e desfrutá-las.

Tinha que passar dezoito anos para entender que vivemos na cultura do cansaço e do estresse, lastimando-nos porque não aprendemos a descansar: a recuperar forças e energias, a facilitar a renovação do nosso corpo e a digerir o que se viveu durante o dia.

Passaram-se dezoito anos antes de aprender a valorizar meu descanso e a desfrutar dele e escrever com Jorge Abia um livro que tem todo um capítulo dedicado a aprender a descansar.[3]

Uma noite, ralhava com Andrés, mais ou menos da mesma idade ou talvez menor, ponderando, explicando e ficando brava, pelo que ele houvera feito, alguma travessura. Ele me escutava parado junto à sua cama, agarrado à escada do beliche. Eu o peguei quando ia deitar-se, já com um pé na escada. De repente, parou-me secamente e me disse: "Por que não faz como minha tia Buqui? Você me dá uma palmada e cala a boca". Entendi que tinha razão e que, afinal de contas, nem os gritos nem as palmadas eram tão terríveis quanto meu papel de boa mãe ditava.

Creio que a mulher que mais me tem refletido é minha filha Cecilia, com a mesma impulsividade, os mesmos arroubos, a mesma força que eu, desde muito pequena.

Lembro-me de sua reação quando tinha um ano de idade e a repreendíamos por agredir a seu irmão gêmeo Andrés, mais alto e mais forte que ela. Voltava-se contra ele com os olhos faiscantes de fúria que o paralisavam, pegava seu brinquedo e tornava a bater nele e mordê-lo.

Se ralhávamos com ela de novo, ou até lhe dávamos um tapa, voltava a fazer o mesmo uma e outra vez, até que desistíamos porque Andrés chorava desconsolado.

Lembro-me dela, vejo-a, vejo-me e me vêm à mente tantas recordações de reações minhas diante de minha mãe, de meus avós e tias, diante de qualquer autoridade que tentava me fazer entrar no papel que deveria ser o de uma mulher da minha idade.

À pergunta de: "Por que faz isto?", vinha a resposta: "Porque quero, posso e me dá vontade". Era uma questão de sobrevivência, tentava evitar a todo custo que me impusessem papéis e disfarces e me apegava com desespero ao de rebelde, que também era imposto, mas eu acreditava ser meu.

O disfarce de super-mulher foi outra coisa; esse eu escolhi acreditando que seria bom para mim e, além do mais, superior a todos os que haviam me colocado antes.

Todos nós temos *força* para sobreviver, ainda que algumas pessoas a tenham muito danificada ou maltratada. Claro que *temos que educá-la*. Não se deve usá-la para agredir os outros, nem se pode sair pisando em tudo que se encontra.

Às vezes, quando essa força se manifesta em uma criança, assusta aos adultos que podem vê-la como um desafio, uma ameaça, ou até uma ofensa pessoal porque não se encaixa no papel da "criança bem comportada", isto é, bem sentadinha, quieta, calada, obediente, que escuta sem resmungar.

Os adultos, acreditando que educar é controlar e dominar, reagem com pancadas e/ou argumentos atordoantes que danificam a força vital da criança, fazendo-a retroceder e se esconder, fechar-se a chave para se proteger. Aí fica e não sai mais. Não obstante, essa força segue sempre viva, aguardando a oportunidade de aparecer *protegidamente.*

Quando vejo uma pessoa tímida, limitada, queixosa, pergunto-me: debaixo de quantas camadas estará escondida sua força?, quão maltratada estará?

Todas as feridas dos seres vivos *cicatrizam,* se as deixamos cicatrizar, e a *força vital* é isso precisamente: VIDA, por isso que naturalmente *tende a curar.*

Se os parágrafos anteriores lhe despertaram algum sentimento, alguma sensação física, se lhe fizeram voltar a atenção para dentro de você mesmo, é provável que em algum momento de sua história você tenha tido que esconder sua força vital e que, lá dentro, ela se encontre ferida. Está *muito certo que essa força tenha já* um lugar protegido e o use como *refúgio.*

O problema é que ela fica fechada, escondida, sem *que possa utilizá-la* para viver sua vida como você a quer viver, para desfrutá-la, para que seu corpo fique sadio.

O problema é que fique fechada sem que você sequer se inteire de que está aí.

O problema é que esteja ferida e que doa.[4] Se você quer curar sua força vital e tê-la à mão quando necessitar, faça o seguinte exercício.

Eu encontro minha força vital e a curo

EXERCÍCIO 7

A - Acomodo-me de forma confortável

Tome um momento para se acomodar de forma confortável aí onde está. Com seus olhos fechados, sinta *sua respiração* que é vida saudável e que *chega protegidamente,* confortavelmente, *a todas as suas partes,* ao mais profundo de você. Sinta sua respiração que *trabalha para você, automaticamente, saudavelmente, limpando* o que tem de limpar, curando o que tem de curar, *acomodando* o que tem de acomodar, sempre *saudavelmente,* em seu ritmo e em seu passo, *protegidamente.*

Lembre-se do que leu há pouco, e *despreocupe-se,* porque sua força vital está aí, dentro de você, e sua respiração, que chega a todas as suas partes, sabe exatamente onde ela está e como chegar até ela. Lembre-se de que todas as feridas cicatrizam se as deixamos cicatrizar, e *despreocupe-se,* porque sua respiração sabe como curar a sua força vital *saudavelmente,* confortavelmente e sem esforço.

B - Descubro o esconderijo da minha força vital

Enquanto você sente o ar passar por seu nariz, por sua boca ou por ambos, em um sentido, em outro, note como aparece aí, representado em sua imaginação, em seu pensamento, em uma lembrança, em qualquer forma, o esconderijo onde está *resguardada e bem protegida sua força* vital, talvez desde muito tempo.

Observe bem o que primeiro lhe aparece, o que primeiro lhe ocorre, é isso aí. Por estranho, ilógico e absurdo que pareça, é isso aí. Pode ser, inclusive, uma escuridão, um vazio ou um nada. As escuridões, os vazios e os nadas são, às vezes, os esconderijos preferidos pela força vital porque permitem-na passar despercebida. O que primeiro *aparece,* é isso aí.

Você já se deu conta do que foi que *apareceu?* Observe-o em todos os detalhes. Já se deu conta, talvez sentindo, talvez olhando, talvez pensando ou adivinhando, de que forma está aí bem escondida sua força vital?

C - Curo minha força vital com minha respiração

Sinta sua respiração que chega a todas as suas partes, a você por completo, e, sem que você faça nada, deixe que sua respiração chegue *protegidamente, automaticamente,* até essa sua *força vital,* que, durante tanto tempo, *tem se mantido* aí *bem* escondida.

E observe como *sua respiração vai sanando essa força* vital, *curando-a, cicatrizando* suas feridas, *protegidamente, automaticamente,* e você se dá conta que isso está acontecendo porque aparece em seu corpo uma sensação agradável que antes não havia e que é o sinal de que *esse processo de cura* já se iniciou e continua *saudavelmente,* irremediavelmente, até a cura total e absoluta da sua força vital, mesmo depois de ter terminado o exercício.

Quando sentir essa sensação agradável, por menor que seja, ainda que apareça e desapareça, ou até mesmo que seja a simples sensação agradável de estar aqui com você, trabalhando para você, passe ao seguinte ponto.

D - Transformo o esconderijo em refúgio saudável

Agora que você já sabe que sua força vital está se *curando saudavelmente, irremediavelmente,* observe o esconderijo onde ela esteve por todo este tempo e sinta sua respiração e note como sua respiração vai transformando *automaticamente* esse esconderijo em refúgio saudável. Está *transformando-o em refúgio,* onde você pode ficar por momentos, entrar e sair *automaticamente,* toda vez que for necessário, sempre *protegidamente.*

Pode ser que o esconderijo fique aparentemente igual, mas tudo bem, pois assim tem sido útil por muito tempo e talvez até tenha sido indispensável para que essa força vital tenha sobrevivido.

Pode continuar sendo o mesmo esconderijo, mas agora como refúgio, *saudavelmente renovado,* renovando-se *saudavelmente, automaticamente,* a cada respiração.

E - Aprendo a mostrar minha força vital *protegidamente*

Lembre-se de que sempre pode haver pessoas que se sintam ameaçadas, desafiadas, pelo simples fato de que você e outros tenham força vital, por isso, torna-se necessário *aprender a mostrá-la de maneira protegida* e respeitosa com os outros, sem sair pisando em tudo que se encontra.

Com seus olhos fechados, imagine-se em diferentes momentos do dia e da noite, de sua vida cotidiana ou de dias especiais, onde *antes* você era *tímida, tímido, insegura, inseguro, ou retraída, retraído* e observe, como num filme, onde tudo sai bem, como agora você está *usando e mostrando,* aos pouquinhos, *sua força vital* nesses mesmos momentos onde antes se encontrava ausente.

Observe como você *atua com sua força* vital, como você reage. Se quiser, entre no filme, experimente como se sente e *deixe que sua respiração ajeite automaticamente, saudavelmente,* qualquer detalhe que seja conveniente ajeitar.

Observe os olhares e as reações dos outros, descobrindo *se você está em companhia adequada* para que você se mostre como é, *protegidamente,* ou se convém guardar sua força vital por um instantinho em seu refúgio saudável.

Você está *aprendendo a viver com sua força vital, a utilizá-la protegidamente* e está *desfrutando* disso ao seu jeito, *saudavelmente.*

Quando sentir que o que você observou e aprendeu já foi suficiente por agora, faça uma respiração profunda e abra os olhos.

Se você vai estar em uma situação onde ainda não tenha esperimentado utilizar e mostrar sua força, onde você tem dúvidas sobre se convém fazê-lo ou não, repita a última parte deste exercício.

***

Os ensinamentos orientais nos dizem que *a vida nos vai pondo* nas circunstâncias que nos fazem crescer, *aprender coisas novas.* Põe-nos frente às pessoas com quem temos algo *a resolver.* Nada é casual. Vivemos *o que nos toca* viver e em cada situação de vida há algo para se *aprender.* Eu acrescento: e também há algo para se utilizar e *desfrutar.*

Em todo momento, por terrível que seja, há algo para se aprender, utilizar e desfrutar, e a vida nos *abre portas* para continuarmos o caminho. O importante é ter os olhos bem abertos para descobri-las, por estranhas que pareçam.

Não sei porque desde menina me foi fácil descobrir essas portas. Talvez todas as crianças as descubram e depois, à medida em que crescem, vão esquecendo que aí estão.

Sempre vi o lado rosa das coisas. Isso, para muita gente acostumada a ver o cinza, incomodava. Em minha psicanálise inteirei-me de que ver o lado rosa, como eu fazia, se chamava negação, e que era um mecanismo de defesa contra o qual tinha que lutar, segundo alguns psicanalistas. Eu não gostava da idéia, estava "resistente".

Agora que o tempo passou, sorrio e desfruto quando Jorge diz a nossos alunos que os mecanismos de defesa são precisamente isso, uma defesa, e que deve se respeitar a resistência e aprender com ela.[5]

Da psicanálise passei à terapia familiar, primeiro como paciente e logo como estudante, e aí aprendi que *a vida* tem pares que parecem opostos e, na realidade, são complementares, *metades* da unidade: o dia e a noite, o feminino e o masculino, a luz e a escuridão, o bem e o mal.

Visto assim, cada momento de nossa vida tem *um lado cinza e um rosa.* A partir do rosa é mais fácil enfrentar e resolver o cinza. Foi desde então, instalada no rosa e já com todo o direito, que me atrevi a começar a ver com clareza e até com curiosidade *as* partes *cinzas.*

Agora sei que *também são úteis:* podemos aprender com elas, desenvolver habilidades ao superá-las e o bom é que sempre passam. O ditado popular canta: "Não há mal que dure cem anos". Jorge Abia diz que "o mal-estar é a semente do bem-estar porque nunca desejamos tanto estar bem como quando estamos mal".[6]

E mais, agora creio que a única maneira de sair do cinza, de passar através dele, saltá-lo ou superá-lo, é primeiro aprendendo o que ele tem para nos ensinar.

Todos nós conhecemos pessoas que se metem repetidamente em uma situação difícil e dolorosa, como se não tivessem aprendido. Por exemplo, a mulher que se casa com um homem alcoolatra e espancador e, pouco tempo depois de conseguir se separar, se relaciona com outro que, como diria minha mãe, "era igual e ela não percebia que era igual".

Essa mulher tem, talvez, que aprender a controlar sua agressão e a de seus companheiros de uma forma diferente. Talvez tenha que aprender a ser menos mártir e mais companheira, a cicatrizar as feridas de sua infância por haver vivido com um pai alcoolatra e espancador, a aprender a se aproximar dos outros *protegidamente,* etc. Quando aprender, poderá deixar para trás o cinza de sua situação atual de vida e, ou bem experimentar viver só por um pouco de tempo, ou bem estabelecer uma relação com um homem diferente.

Se a você tampouco agradou, até agora, ver o lado cinza das coisas, convido você para que comece a vislumbrá-lo e o veja, bem firme no rosa, para aprender de uma vez por todas o que você tem que aprender e superá-lo: o mau passo, apressa-o.

Eu aprendo com o lado cinza da vida

EXERCÍCIO 8

Há situações que podemos evitar ou acabar com elas, e outras que são irremediáveis, mas, ainda nestas, podemos estar melhor se aprendemos o que temos que aprender e o superamos, se aprendemos a descobrir suas partes rosas e as desfrutamos.

A - Paro no rosa e me deixo encher por ele

Acomode-se aí onde está e, com os olhos fechados, lembre-se de um momento muito, muito agradável, onde você se sentia como deseja se sentir.

Reconstrua este momento com todos os detalhes, olhando-o como em um filme ou colocando-se dentro dele.

Seja de um modo ou de outro, reviva-o desfrutando tudo o que seja saudável e *protegido* para que você o desfrute.

Sinta sua respiração e deixe que cada vez que o ar entrar por seu nariz, sua boca ou ambos, *o rosa* dessa lembrança *entre* junto, *e desfrute-o* naturalmente, *saudavelmente, preenchendo-se protegidamente.* Quando você sentir que você já está plena, pleno, de sensações rosas, agradáveis, pode passar ao ponto seguinte.

B - *Protegidamente* tomo o rosa dos momentos cinzas

A partir de onde você está, confortável, protegida, a partir dessa situação agradável, observe à distância, bem *protegidamente,* uma dessas situações cinzas com as quais quer *aprender.*

Talvez apareça como um filme de *algo que já passou.* Alguém pode se comover e chorar com o filme, mas sabe que é um filme.

Talvez a situação cinza *apareça* de forma abstrata, *saudavelmente* disfarçada, ou por detrás de um véu ou de uma cortina. Aparece da forma mais *confortável para você.*

Deixe que fique *à distância,* velada ou difusa, como for melhor e, de onde você está, cheia, cheio de rosa, confortavelmente, sinta sua respiração e observe com curiosidade como *sua respiração vai descobrindo* e lhe *mostrando as partes rosas* desses momentos cinzas. Sua respiração as vai descobrindo e *levando até você, automaticamente, saudavelmente.*

E você se dá conta de que o rosa dos momentos cinzas já está em você porque aparece uma sensação agradável que antes não havia ou porque alguma sensação que já estava desfrutando se faz mais clara ou prazerosa.

C - Aprendo com o cinza conscientemente, inconscientemente

Observe bem, conforme vão chegando até você os rosas desses momentos cinzas, os cinzas *se vão clareando* de uma maneira inesperada, nova, *saudável,* e você *pode vê-los* a uma distância protegida, a partir de outros ângulos, *aprendendo* com eles, *descobrindo* o que antes atormentava e talvez lhe fizesse repetir essa situação.

Você está *aprendendo conscientemente, inconscientemente,* sempre protegidamente, e é muito confortável e *fácil* porque se dá *automaticamente,* sempre *saudavelmente.*

Fique observando sem fazer nada, porque sua respiração está trabalhando para você *automaticamente, aprendendo,* sempre *saudavelmente,* o que tem de aprender *para superar essa situação.*

E pode ser que você se dê conta conscientemente, racionalmente, do que tem que aprender aí, ou que se dê conta inconscientemente, mas, isso sim, de uma forma ou de outra, você está *aprendendo* o que tem de aprender nesse momento para superá-lo e está *desfrutando* disso o tanto que for saudável a você desfrutar.

D - Descubro o que aprendi

Faça uma respiração profunda e observe como *você* talvez apareça nessa mesma situação, seja remediável ou irremediável, mas *de uma maneira nova e diferente,* porque *você já aprendeu* aí o que você tinha que aprender e aprendeu também a *encher-se do rosa* desse e de outros momentos.

Observe como talvez *você já superou essa situação,* como saiu dela e como se encontra agora em uma nova situação, com mais rosas e menos cinzas, ou talvez você continue aí, mas de um modo diferente porque você já superou *o que tinha de superar saudavelmente.*

Fique aí, por um momento, observando o que *aprendeu, desfrutando* o que alcançou e, quando quiser, faça uma respiração profunda e abra os olhos.

Existem pessoas a quem acontece o inverso. Estão treinadas a ver somente o lado cinza da vida e, por mais que o rosa se apresente na frente de seus narizes, continuam vendo apenas o cinza. Essas pessoas sofrem muito, ainda que algumas valorizem essa atitude como sendo responsável por tê-las feito superar-se na vida. Outras nem sequer se questionam se pode haver manchas rosas no cinza, e muito menos que tenha valor parar nelas. Aprenderam que: "a vida é dura, sofre-se", "o que vale a pena, dá trabalho", "à medida que vamos crescendo, adquirimos responsabilidades e perdemos o direito de brincar e desfrutar, isso é coisa da infância".

Minha mãe tinha aprendido que a vida era assim e me ameaçava, com a melhor intenção: "aproveita agora que pode e é pequena, porque quando crescer vai ter responsabilidades", como se as responsabilidades fossem um sofrimento.

Eu me rebelava com essas profecias e lutava por desfrutar e demonstrar que, pelo menos comigo, isso não ocorria. Mas as ameaças continuavam: "quando entrar no curso secundário verá que tem de estudar a sério", "... e quando entrar na universidade...", "quando tiver um noivo vai se ver em apertos e terá que renunciar a seus caprichos", "quando você se casar..."' "tudo o que você fizer, você vai pagar com sangue"' "quando tiver filhos, porque os filhos fazem-nos sofrer".

Prometi a mim mesma desfrutar dos meus filhos e assim foi desde antes deles nascerem, mas então me diziam: "filhos pequenos, pequenos problemas; filhos grandes, grandes problemas".

Com esse intento, durante uma temporada me tornei a "antimãe". Decidi, de antemão, que nada iria me atrapalhar com meus filhos. Se não queriam comer algo, eu comia, sentindo-me encantada com o que lhes preparava para comer. Se queriam brincar na terra e se enlamear, enlameava-me com eles e desfrutava muito. Se eu já estava cansada e eles não, ia dormir e me acompanhavam à cama e me cobriam.

Isto foi possível porque nesse tempo Roberto também estava decidido a desfrutar de seus filhos, a desfrutar da vida e foi meu companheiro até como "antipai". Minha mãe me repetia freqüentemente todo o mal que eu fazia como mãe, como companheira, como tudo, tentando me colocar de volta no caminho do que deve ser.

Um dia me encontrei com duas amigas dela com as quais se reunia, às quartas, para jogar baralho. Conheciam todos os episódios da minha vida e me contaram como minha mãe estava orgulhosa do que eu fazia.

Nesse momento, entendi que suas críticas correspondiam ao que o seu papel de boa mãe estabelecia que deveria repetir a uma filha como eu e pude me aproximar mais dela. Comecei a enxergá-la através do disfarce e me dei conta de que, no fundo, no sentir, no querer e nas ilusões, não éramos tão diferentes.

A partir daí, aconteceu algo estranho: começou a ser uma vovó mais brincalhona com meus filhos e, pelo menos em minha casa, dava-se permissão para sair das regras.

Quando alguém começa a descobrir as pessoas escondidas por debaixo dos disfarces, acontecem coisas assim, quando menos se espera.

Bem, meus filhos já estão grandes, já sou avó e continuo desfrutando deles e de meus dois netos.

Pintavam-me de cinza o crescer, a responsabilidade, a vida de casada, a maternidade, e minha rebeldia me levou a encontrar os lados rosa e de muitas cores mais.

Se você quiser descobrir as cores que existem debaixo da pintura cinza que nossa sociedade, e o que Jorge Abia chama de a cultura do sofrimento, colocaram sobre a vida, pratique o seguinte exercício.

Eu aprendo a ver o rosa do cinza

EXERCÍCIO 9

É importante lembrar que *todo* momento, toda situação na vida *tem partes rosas* e partes *cinzas* que continuarão sendo cinzas, pelo menos por um tempo. No exercício anterior, aprendemos a aprender com elas. Neste, vamos retirar a capa que escurece o rosa para poder ver, sentir e viver todas as cores, ainda que o cinza continue onde está.

A - Acomodo-me de forma confortável

Escolha um lugar onde se sinta muito, muito confortável. Seu lugar favorito. Se desejar, ponha uma música suave que lhe agrade. Acomode-se aí, em seu lugar e, com os olhos abertos, escolha a situação cinza com a qual você quer trabalhar.

B - Recordo *protegidamente*

Com os olhos fechados, *recorde* à distância, *protegidamente,* como num filme que você assiste, do seu lugar, ou como um relato que você lê em um livro ou escuta em uma gravação, ou em forma de idéias, *essa situação* de vida *que tem partes cinzas,* mas *também rosas,* que *até agora* têm estado *encobertas* pela cultura do sofrimento.

Construa essa cena ou esse relato de forma tão detalhada quanto for bom para você, mantendo-se de fora, *a uma distância protegida,* em seu lugar, e observe como percebe aí, representada de qualquer forma, essa negrura que encobre a cena e que foi posta de fora para dentro.

C - Retiro o negrume

Sinta sua *respiração* em todos os detalhes, sinta como o ar passa por seu nariz ou sua boca, ou por ambos, em um sentido, em outro. Sinta como seu peito se move *automaticamente* a cada respiração e observe como, sem que você faça nada, sua respiração *está fazendo, saudavelmente, o que tem de fazer* com esse negrume: talvez apagando-o, talvez dissolvendo-o, talvez separando-o *protegidamente,* com muito cuidado, para voltar a colocá-lo por um momento, se for necessário. Talvez digerindo-o *saudavelmente, protegidamente,* a cada respiração.

E observe como aparece em seu corpo uma sensação agradável que é o sinal de que esse negrume social, cultural, já se retirou e já está acontecendo o que tem que acontecer com ele, sempre *saudavelmente.*

Sua mente inconsciente está *aprendendo* a descobrir *protegidamente* o que é cinza e o que é negrume, está *aprendendo* a separar *automaticamente* o negrume da realidade e a fazer com ele *o que tem de ser feito, automaticamente.*

D - Descubro o rosa e outras cores

Agora que já se retirou esse negrume que ensombrecia demais, observe como você *está descobrindo facilmente, automaticamente,* os rosas e as outras *cores* que *antes* estavam *ocultas.*

Olhe-as, sinta-as, perceba-as aí onde estão, se você se animar, *prove-as e desfrute-as.* Pode ser que a princípio lhe pareça que o rosa e as outras cores são muito claras ou diminutas, ou que, inclusive, você leve um pouco mais de tempo para encontrá-las.

Despreocupe-se, porque pouco a pouco, *saudavelmente, sem que você possa evitá-lo, você está aprendendo* a encontrá-las, a reconhecê-las, a desfrutá-las na vida real e neste exercício.

Fique aí *descobrindo-as, desfrutando, descansando,* o tempo que quiser, com a tranqüilidade de que, ainda que você não se dê conta, sua mente inconsciente permanece trabalhando para você a cada respiração, *automaticamente,* sempre *saudavelmente,* e quando você sentir que já foi suficiente, faça uma respiração profunda e abra os olhos.

***

A propósito da importância de aprender a parar no rosa e nas outras cores, há vários anos li em *Os ensinamentos de Don Juan* o que este xamã mexicano dizia a Carlos Castañeda sobre os caminhos na vida. Transcrevo-o tal e qual porque, para mim, foi muito importante; eu o entendi com a mente e com o coração:

"Qualquer coisa é um caminho, entre quantidades de caminhos. Por isso deves ter sempre presente que um caminho é apenas um caminho: se sentes que não deverias segui-lo, não deves segui-lo, não o deves seguir sob qualquer condição... e não há afronta para ti nem para os outros em deixá-lo se é isso o que o teu coração te diz... olha cada caminho de perto e com vontade. Prova-o tantas vezes quantas considerares necessário. Logo faz a ti mesmo e só a ti uma pergunta... este caminho tem coração? Todos os caminhos são o mesmo: não levam a parte alguma, mas um tem coração e o outro não. Um torna a viagem prazerosa; enquanto o segues és um com ele. O outro te fará maldizer tua vida. Um te faz forte; o outro te debilita..."[7]

Você já se perguntou alguma vez se os caminhos que percorre têm coração?, ou, quando você se sentia infeliz, deu por encerrado, por que "não há como mudar, assim é a vida?"

"Todos os caminhos são o mesmo: não levam a parte alguma, mas um tem coração e o outro não. Um torna a viagem prazerosa; enquanto o segues és um com ele. O outro te fará maldizer tua vida. Um te faz forte; o outro te debilita..." e, como diz Don Juan: "Um caminho é apenas um caminho: se sentes que não deverias segui-lo, não o deves seguir sob qualquer condição... e não há afronta para ti nem para os outros em deixá-lo, se é isso o que o teu coração te diz..."

Se quiser olhar de perto seus caminhos e esperimentá-los, faça o seguinte exercício.

Eu descubro se meus caminhos têm coração

EXERCÍCIO 10

Antes de começar, quero comentar com você que, apesar de que o caminho tenha coração ou não, às vezes, damos um jeito de sofrer por ele e botá-lo a perder.

É muito importante que, ao fazer este exercício, você distinga se o caminho não tem coração, ou se o tem mas, se até o momento você dá um jeito de botá-lo a perder.

Se for este o seu caso, *despreocupe-se,* porque tudo tem solução e logo mais adiante falaremos sobre isso. No momento, vamos fazer o exercício.

A - Escolho o caminho (um pedaço da minha vida) que quero conhecer

Acomode-se aí onde está e, com os olhos abertos ou com os olhos fechados, pense um momento em quais partes de sua vida você tem dúvidas de que o caminho que você utiliza tem coração para você ou não. Escolha uma.

B - Entro no caminho

Pense, lembre-se de momentos distintos e situações de sua vida nesse caminho, reconstruindo, confortavelmente, esses momentos e situações com todos os detalhes, *protegidamente* daí onde você está. Observe como você se sente nesses momentos, que emoções e sensações físicas você tem aí, nessa situação.[8]

Sinta sua respiração e observe como o ar passa por seu nariz, por sua boca ou por ambos, entrando, saindo, e vá misturando, integrando, *protegidamente, saudavelmente,* as *recordações,* as *sensações,* os *sentimentos* desse ou desses momentos, assim como as idéias que você tem sobre eles, e vá *transformando-os em um caminho,* o caminho que você utiliza nessas situações.

C - Olho-o, reconheço-o, observo-o, transformo-o, até onde seja possível

Perceba esse caminho em todos os detalhes, observe-o com atenção, *conhecendo-o, reconhecendo-o.* Pode ser que apareça como em um filme ou uma fotografia que você vê de fora, *protegidamente,* ou que, de repente, você se encontre dentro do filme ou tenha a sensação de lá estar. Como quer que seja, está bem.

Observe como é esse caminho e como você se acha nele: o que está fazendo?, como o está utilizando?, gosta dele ou não?, ele parece ter coração para você?, você se sente em unidade com ele?, qual é sua atitude ao percorrê-lo?

Sua atitude é muito importante porque pode ser o que, até agora, tenha mantido você aí, ainda que falte coração a este caminho, ou que o caminho tenha feito você sofrer, mesmo tendo um coração.

D - Ajeito o caminho e aprendo a caminhar melhor com minha respiração

Sinta o ar que passa por seu nariz, talvez por sua boca, em um sentido, em outro, e observe como, sem que você faça nada, *sua respiração está ajustando saudavelmente, automaticamente,* o que tem de ser ajustado, *melhorando* o que se pode melhorar *nesse caminho* e *na sua forma de caminhar, aprendendo* com ele o que se pode aprender.

Observe o que é que está mudando aí, pode ser que a imagem ou suas sensações desapareçam, transformem-se em outras totalmente diferentes, ou que apenas se modifiquem um pouquinho, ou que, ainda, fiquem iguais enquanto muda o seu jeito de se sentir nesse caminho, suas atitudes frente a ele.

Utilize-o uma vez mais, sentindo-o, observando-o, reconhecendo-o, *aprendendo a caminhar melhor,* e volte a se perguntar: para mim, este caminho tem coração?, eu o desfruto?, até agora tenho dado um jeito de estragá-lo?

E - Deixo para trás os caminhos sem coração

Se você decide que esse caminho não tem coração e se você quer começar a preparar o terreno para deixá-lo, volte a sentir o ar passando por seu nariz ou sua boca, entrando, saindo, e observe como *sua respiração* se ocupa *automaticamente,* facilmente, *saudavelmente,* de fazer você sair desse caminho sem coração, talvez apagando-o, talvez deixando-o igual, mas já sem você nele, talvez de outras formas novas e diferentes, *saudavelmente* disfarçadas.

Observe bem, quando aparece uma sensação agradável que antes não havia, porque é o sinal de que você, *internamente,* já *começou* a deixar para trás esse caminho e você está preparada para começar a *ajeitar, saudavelmente,* com muito cuidado, no seu passo e no seu ritmo, no mundo, lá fora, o que tiver que ajeitar *para sair* dele *ou* para *seguir com ele* de uma maneira *diferente,* mais *saudável.*

Quando você se der conta de que esse sinal já apareceu, faça uma respiração profunda e abra os olhos.

Em algumas ocasiões pode ser necessário uma ajuda profissional, uma psicoterapia, que também tenha coração para você, para que seja mais fácil deixar para trás os caminhos que você decide abandonar.

Pratique este exercício com cada um dos caminhos de sua vida, dos quais você duvida se têm coração. Agora vamos para os que temos colocado a perder.

Você tem se perguntado por que às vezes sofremos com os caminhos que tem coração e os colocamos a perder? Parece-me que, entre outras coisas, pode ser por duas razões que, de certa forma, vão juntas. Uma, porque temos rancores latentes que não queremos deixar, ainda que nos amarguem, nos pesem, nos sejam indigestos. Outra, porque queremos que o mundo ande pela trilha que decidimos que é a boa ou que nos dá vontade que o mundo siga, e se sair dessa trilha nos enfurecemos.

Eu insisto em dizer, um pouco a sério, um pouco de brincadeira, que, de tanto brincar com as bonecas, nós mulheres nos acostumamos a decidir como tem que agir cada pessoa ao nosso redor, para que tudo funcione como nos parece que deve ser.

Isso nos acontece muito em relação aos homens: sejam o companheiro, os irmãos ou os filhos. Decidimos, de antemão, como devem agir e, tal qual com as bonecas, nem sequer lhes informamos sobre o que esperamos deles, nem pensamos que podem ter modos de pensar ou estilos diferentes dos nossos.

Passei muitos anos fazendo e desfazendo porque estava convencida de que, praticamente em qualquer situação, minha idéia era a melhor.

Creio que isso acontece a quase todas as mulheres. Sem levar os outros em conta, trabalhamos sem parar, nos movimentamos, vamos e voltamos, para que as coisas sejam assim, da forma que acreditamos ser a melhor, com a ilusão de que estamos garantindo, agora sim, que tudo esteja bem, construindo "a casinha" maravilhosa, a família feliz, o momento tranqüilo, o fim de semana ou as férias perfeitas.

E quando chegam os que estão implicados nesta ilusão e fazem o que naturalmente desejam, enfurecemo-nos e agredimos. Empenhamo-nos em ser muito perfeitas, nos calamos, "compreendemos", "aceitamos", mas a agressão sai depois, sempre sai, ainda que seja de maneira encoberta, nas coisas que "não dependem de nós", em forma de cansaço, de dor de cabeça ou de algo que não podemos deixar de fazer, justo no momento de irmos para a cama. Como se atrevem a não colaborar com o pouquinho que lhes cabe, posto que nós já fizemos a maior parte, para a "felicidade", para seu próprio bem!

Se tentam fazer diferente, é dificílimo que acertem e reagimos da mesma maneira uma e outra vez mais, transmitindo-lhes a sensação de que, façam o que fizerem, nunca nos vão agradar, nunca será completamente bom. Creio que, em parte, daí nos vem a fama de incompreensíveis, que nós mulheres temos.

Eles ficam com a sensação de que não entendem e de que, façam o que fizerem para a mulher, sempre será insuficiente, e sua reação é de se afastar ou gritar.

Entrementes, tanto eles quanto nós permanecemos sozinhas, sozinhos, amarguradas, amargurados, ressentidas, ressentidos, e perdemos a oportunidade de receber o que a outra pessoa nos dá, de aprender com suas idéias, com suas iniciativas, com seus estilos, de caminhar pela vida juntos, explorando caminhos novos e distintos ao que tínhamos preconcebido.

Qual é a parte deles? Seguramente existem muitas coisas que, como mulher, não conheço, não obstante, parece-me que a maioria dos homens brincam de reis. Acreditam na história de serem superiores porque foram os garotos privilegiados da mamãe e da sociedade. Tenho tido oportunidade de ver bem de perto como o nascimento de um menino é mais festejado que o de uma menina. Meu pai, no ápice dos louvores, me dizia que eu era um filho para ele. E basta virar o rosto para ver, com os matizes dos distintos níveis sociais, que aí estão as irmãs e a mãe a cuidar do pai, dos irmãos, arrumando sua roupa, dando-lhes de comer, paparicando-os. Ensinaram-me isso.

Logo, segue-se a história "cuidem de suas galinhas porque meu galo anda solto" e é muito triste, mas as mulheres próximas, muitas vezes, são as primeiras a aplaudir e estimulam os homens a se impor, explorar e abusar de outras mulheres, com a justificativa de que são loucas, bobas, indecentes, possessivas, néscias, pouca coisa para eles. Daí vem, em parte, a má fama das sogras. Isto não é nada novo.

Acreditando-se no conto de que o homem é quem manda, buscam impor sua vontade, mudando, por princípio, o que a mulher tenha feito, sem escutar nem ver o enorme esforço do trabalho doméstico que nunca acaba e não é pago com um salário. E, como *El rey* da canção mexicana[9] ficam: "Sem trono nem rainha, nem ninguém que os compreenda, mas continuam sendo o rei". Algumas mulheres também funcionam dessa maneira.

E tais enredos se dão em todo tipo de relacionamentos, dos homens com as mulheres, das mulheres com os homens, das mulheres entre si, dos homens entre si. Umas e outros sentimos que dirigimos o mundo, quase sempre as mulheres caladinhas, por baixo dos panos, e os homens aos gritos. Na verdade, é muito cansativo e muito desgastante estar dirigindo o mundo e ainda se encolerizarem com uma, com outra, e acabar sozinha, sozinho. Eu, pelo menos, já me cansei.

As coisas se complicam porque essa não é a única dificuldade que temos ao nos relacionarmos com os outros. Cada um vai ajuntando complicações com seu estilo pessoal. Seria impossível enumerar aqui todos os matizes deste enredo, mas o bom é que você, eu, cada um, sabe, conscientemente, inconscientemente, como é dentro de cada uma, de cada um de nós.

Você tem vontade de experimentar deixar a sobrecarga por um momento e vislumbrar as idéias e iniciativas dos outros? Convido você a fazer o seguinte exercício.

Eu aprendo a ver os caminhos dos outros e a experimentá-los

EXERCÍCIO 11

A - Repasso momentos em que me irrito porque os outros saem da minha trilha

Deixe que venham à sua mente lembranças de situações em que você se tenha sentido mal porque os outros não são como você gostaria, não fazem o que você quer ou que lhe pareça ser o melhor.

Repasse-as, recordando talvez os sentimentos que você tinha nesses momentos, mas *com* a *tranqüilidade* de que os está recordando *para solucioná-los* e evitar que voltem a se repetir.

Em todas estas recordações, você seguia passo a passo sua trilha, quem sabe em círculos, com o olhar no chão, sem levantá-lo nem se inteirar do que havia adiante.

Passo a passo, às vezes com a ilusão do momento perfeito, às vezes enfastiada, enfastiado, cansada, cansado.

B - Descubro minha dificuldade em enxergar e experimentar caminhos diferentes do meu

Sinta sua respiração e observe como, *sem que você faça nada, aparece* aí uma imagem, uma idéia, um detalhe de alguma das recordações que se faz mais definida, uma sensação, qualquer coisa, que representa e é, dentro de você, em seu mundo interno, *essa dificuldade* que até agora você tem tido em olhar os caminhos dos outros, para deixar de dar voltas em círculo, e talvez experimentá-los.

O que primeiro *aparece* é isso aí, por estranho ou ilógico que lhe pareça. É freqüente que seja uma escuridão, um vazio ou um nada, porque assim nos sentimos, depois de passar anos e anos dando voltas em círculo, olhando para o chão e arrastando os pés.

C - Minha respiração transforma essa dificuldade em facilidade para ver e conhecer outros caminhos

Enquanto você observa, com todos os detalhes, isso que apareceu, isso que representa e é, dentro de você, sua dificuldade de olhar e experimentar os caminhos dos outros, de aceitar que eles tenham seus próprios caminhos, sinta o ar passando por seu nariz, por sua boca, ou por ambos, entrando, saindo, sempre *saudavelmente.*

Observe como, sem que você faça nada, *sua respiração automaticamente está digerindo essas dificuldades* e, ao digeri-las, com tudo o que se dispuser aí, sua respiração está *construindo facilidades,* novas formas, diferentes e *saudáveis* de você relacionar-se com os outros, levantando o olhar, detendo-se um momento, vendo com curiosidade o que os outros nos trazem e propõem.

Você já se deu conta de como as *dificuldades* estão se *transformando em facilidades?* Talvez desapareçam, talvez mudem de cor ou de forma. Pode ser que você, simplesmente, se sinta diferente frente a elas porque já levantou o olhar. Qualquer coisa que aconteça está bem, sempre acontece *saudavelmente,* confortavelmente, *protegidamente.*

Você está *aprendendo a se deter, a olhar mais além* do chão, a perceber *os caminhos dos outros, aprendendo* a se interessar por eles.

D - Olho os outros caminhos

A partir daí, do seu lugar, observe como aparecem aí os caminhos dos outros. Já observou como são?, e quantos?, e como os imagina? Observe-os a partir daí, do seu lugar. Note como está *aprendendo a desfrutar o olhar além do chão, descobrindo horizontes, protegidamente,* que nem sequer havia imaginado e note como tudo isto acontece naturalmente, confortavelmente, *saudavelmente.*

E - Aprendo a respeitar os caminhos dos outros

Observe como os outros utilizam seus próprios caminhos e como esses caminhos se aproximam, distanciam-se do seu em momentos distintos, sempre *saudavelmente.* Note como, às vezes, aproximam-se tanto que podem caminhar de mãos dadas, elas, eles, você, cada um a partir do seu lugar, *desfrutando a experiência.*

Experimente, caso queira, ou experimente convidá-los, caso queira, por um instante, a andar em seu caminho ou peça-lhes que convidem você por um momento a andar no caminho deles e fique aí *por um tempo que seja bom para os dois* e depois podem seguir cada um em seu próprio, *aproximando-se, afastando-se,* entrando, saindo.

Você está *aprendendo* que os outros não têm a obrigação de seguir seu caminho, nem você o deles, e *que podemos* todos *ficar bem a distâncias distintas,* mais próximo, mais longe, fisicamente juntos ou separados, porque *o amor, a amizade, o carinho se estendem além do caminho.*

F - Experimento outros caminhos

Lembre-se de que: "Qualquer coisa é um caminho entre inúmeros caminhos. Por isso, você deve ter sempre presente que *um caminho é apenas um caminho:* se sente que não deveria segui-lo, não deve segui-lo, não o deve seguir sob qualquer condição... e não há afronta para você nem para outros em deixá-lo, se isso é o que seu coração lhe diz..."

Se você se animar, "olhe cada caminho de perto e com intenção. Experimente-o tantas vezes quanto seja necessário". Imagine-se percorrendo-os, passo a passo, *saudavelmente, protegidamente.* "Depois, faça a você mesmo, a você mesma, e somente a você, uma pergunta... tem coração este caminho?"[10]

Você está *aprendendo a experimentar caminhos novos* e diferentes, *a caminhar pelos caminhos dos outros,* com a tranqüilidade de que, não há obrigação alguma em segui-los, se decidir que não são para você.

***

Você sabe por que guardar rancores nos leva sofrer nos caminhos com coração? Em primeiro lugar, porque os rancores, como todas as emoções, utilizam nossa energia para se manifestar e se manter.

Quanto mais rancores tenhamos, quanto mais tempo os guardemos, menos energia nos fica para outras emoções, para desfrutar a vida e para que nosso corpo funcione bem.

Quanto mais rancores temos e mais antigos, mais mantemos o hábito de entesourar novos, e o fato é que uns atraem os outros. Ao ler este parágrafo, Jorge Abia me lembrou que, às vezes, também podemos fazer coisas, ou deixar de fazer, para que as pessoas alimentem rancores contra nós.

O caso é que, de um ou outro modo, entesourando rancores em nós ou nos outros, arrumamos um jeito de ficarmos juntas, juntos a essas pessoas, em vez de deixá-las e seguir nosso caminho.

Ademais, quando fazemos isto, começamos a deixar de perceber as coisas boas e aumentamos o valor das más, convertendo a comédia em drama e o drama em tragédia. É como se o rancor invadisse nosso corpo, nossos pensamentos e nossa própria vida, controlando-a, dirigindo-a.

Lembro-me de uma amiga, Luisa, que quando ia a uma reunião onde podia encontrar com alguma das muitas pessoas com as quais estava sentida, vários dias antes, ficava pensando como iria entrar, o que ocorreria se a outra pessoa já estivesse na festa, ou se ainda não houvesse chegado; cumprimentaria ou não essa pessoa?, e como a cumprimentaria?, seria melhor voltar-lhe o rosto e não se arriscar a que a outra não lhe devolvesse o cumprimento?

Já na reunião, em vez de desfrutar do bate-papo, da comida, do ambiente, uma grande parte de sua atenção estava voltada a controlar o que a outra pessoa estava fazendo: se se aproximava ou se afastava, se a olhava ou lhe dava as costas, se a saudava ou não, que pessoas se aproximaram dela e, portanto, eram possíveis inimigos.

Em vez de desfrutar e estar presente no lugar, sua mente estava ocupada em pensar: para onde eu vou se vier para cá?, o que lhe respondo se me disser tal ou qual coisa? E, além de gastar energia vital para manter a atenção enfocada em tudo isso, tinha que gastar outra parte dessa energia para manter vivas e presentes as ofensas.

Enfim, o que a pobre podia desfrutar, nessas circunstâncias, era muito pouco. E isto acontecia momento a momento, estorvando sua vida até quando estava só.

Algumas vezes, fiz o mesmo que Luisa, mas já não o faço mais. Quando alguém vive assim, sobra pouca energia disponível para desfrutar, para crescer, para ter realizações e até para que nosso corpo funcione bem.

Percebeu, leitor, leitora, como os transtornos e enfermidades conhecidas como psicossomáticas, entre eles dores de cabeça, úlceras, gastrites, colites e as dificuldades de dormir, estão na ordem do dia entre os rancorosos? Observe como coincide, ainda que não tenhamos todavia investigações que o comprovem.

Luisa não queria deixar seus rancores porque acreditava que se o fizesse, poderia esquecer o que as pessoas lhe haviam feito e se deixar machucar outra vez. Preferia manter as feridas abertas para que a dor lhe lembrasse que teria que se defender.

Com Luisa não pude falar sobre isto, pois deixei de vê-la pelo fato de ter ido morar fora e, além disso, não sabia o que sei agora, mas às pessoas que pensam e agem como ela e vêm me consultar, digo-lhes que as feridas abertas, além de doerem, podem infeccionar.

O natural é que *as feridas* cicatrizem. Todas as feridas *cicatrizam* se as deixamos cicatrizar, e as cicatrizes *viram lembranças,* já *sem dor,* desses maus momentos, lembranças que nos dizem que temos de evitar ou nos afastar de tais ou tais pessoas ou situações, lembranças que *nos ensinam a nos defender.*

De fato, desde que você leu este parágrafo, *suas feridas já começaram a cicatrizar e continuam cicatrizando saudavelmente, automaticamente com sua respiração.*

A verdade é que eu me sinto melhor e *a vida se tornou mais fácil* desde que aprendi a recordar através das cicatrizes e não através das feridas, e pude fazer mil e uma coisas que sempre quis fazer com *a energia vital em que se transformou a força dos meus rancores.*

Às vezes, temos ressentimentos com nós mesmos pelo simples fato de que nossa realidade não corresponde ao ideal que havíamos formado e a confundíamos com ele. Esses ressentimentos também causam dano e vêm junto com feridas que sofremos ao nos decepcionarmos por não corresponder ao ideal.

Em um livro anterior de Auto-hipnose escrito com Jorge Abia, dedicamos todo um capítulo para trabalhar com as feridas e aprender com as cicatrizes.[11] *Você pode*, se quiser, consultá-lo, mas aqui eu gostaria de convidar você a trabalhar com elas *perdoando e transformando seus rancores* em energia vital.

Algumas pessoas talvez saltaram ao ler a palavra *perdoando.* Pensarão que não têm nada para *se perdoar a si mesmas* e que não querem perdoar aos outros. Se não têm vivido essa confusão entre o ideal e sua realidade, alguma coisa deverão ter feito ao longo da vida, alguma vez contra elas mesmas ou aos outros. Algo, ainda que pequenino. Eu as convido a, de qualquer maneira, fazer o exercício 12 por completo, de forma preventiva. Verão como se sentem muito melhor depois de fazê-lo.

Eu sei que não *é fácil perdoar.* Deu muito trabalho *aprender a perdoar,* e mais ainda *a pedir perdão. Antes,* eu pensava que pedir perdão era me colocar em uma posição humilhante. Não é fácil perdoar porque guardamos *ressentimentos.*

Outro dia uma pessoa me disse: "Não o perdôo porque não quero, porque perdoá-lo seria justificá-lo". *Agora,* já não creio que perdoar seja se humilhar, justificar ou compreender. **Alguém *pode perdoar sem entender,* com um ato de vontade.**

Um amigo comentou comigo ontem: "Eu perdôo, sim, mas não a fulano nem a sicrano, porque eles merecem mesmo o meu rancor". *Não* se trata de quem merece ou não o rancor, nem de *nos colocarmos* na posição de *deuses* que decidem a quem dão sua graça e lhe suspendem o castigo.

Simplesmente, trata-se, ***para nosso próprio bem,*** *de transformar a energia* desperdiçada em rancores, em energia vital, *para* invertê-la, a fim de *vivermos* nossa vida *como a queremos* viver. Trata-se de *perdoar* os outros e a nós mesmos para que possamos *ficar verdadeiramente em paz, desfrutando a vida.* Quando nos damos conta de que **é mais por nós** do que pelos outros, nos *dá vontade de fazê-lo.*

Eu sei que poderia escrever as vinte páginas seguintes argumentando sobre este tema e algumas leitoras, e alguns leitores continuariam se negando a perdoar e a trabalhar seus rancores. Na realidade, é preciso ter muito valor para poder fazê-lo.

Não trato de convencê-los, não é minha função e sei que não posso. Se esse é seu caso, e espero que não o seja, salte, *se quiser,* os exercícios seguintes e faça-os quando sentir que *já é capaz de desfazer este nó* dentro de você.

Jorge Abia conta que, quando era criança e não queria tomar a sopa, sua avó lhe dizia: "Faça como quiser, filhinho. Em sua saúde manda você". E então ele a tomava.

Eu aprendo a me perdoar e a perdoar aos outros

EXERCÍCIO 12

A - Acomodo-me e me preparo para fazer o exercício

Pegue papel e lápis e depois dê-se um primeiro momento para se acomodar aí onde está e para pensar que coisas tem que se perdoar por você ser como é, por agir contra as demais, os demais, os outros. Pode fazê-lo com os olhos abertos ou fechados.

E enquanto está se lembrando do que você *vai perdoar,* sinta *sua respiração,* essa respiração que *é vida saudável* e que *chega automaticamente,* sempre *protegidamente* ao mais profundo de você, buscando e *encontrando rancores* reprimidos, pendentes, esquecidos conscientemente e lembrados inconscientemente.

Fique assim por um instante, simplesmente deixando que sua respiração *trabalhe para você* e depois passe ao ponto seguinte.

B - Perdôo-me

Escreva em um papel esta frase, incluindo seu nome completo, isto é, com todos os seus nomes, algum apelido e seu(s) sobrenome(s):

Eu (SEU NOME COMPLETO), *perdôo a mim* (SEU NOME COMPLETO), por minha falta de carinho para comigo, por minhas auto-exigências, *por toda ação desarmoniosa* que eu tenha cometido, *consciente e inconscientemente* contra mim, contra os outros e contra a humanidade.

Agora leia a frase, repetindo-a em voz alta ou internamente, como quiser, por três vezes.

Ao terminar, agradeça e se abrace.

C - Perdôo a quem tenho que perdoar

Agora que *você já se perdoou,* está pronto para perdoar aos outros. Com os olhos abertos ou fechados, dê-se um momento para pensar contra quem tem rancores. Já sabe quem são?

Lembre-se de que quando se tem dificuldades em uma relação, de alguma forma é porque cada uma das partes teve algo a ver. *É* mais *fácil nos dar conta* do que nos fizeram, do que *da parte que nos cabe.* Não obstante, sempre há responsabilidade dos dois lados, ainda que seja em diferentes proporções. Por isso, é muito importante que, às pessoas a quem *você vai perdoar, também peça perdão.*

Já sei que é difícil e que às vezes, nos revolvemos por dentro só de pensar em fazê-lo, mas é, de verdade, muito importante *para que fique em paz* consigo, para que *suas feridas* continuem *cicatrizando facilmente, rapidamente, saudavelmente,* para recuperar sua energia vital obstruída em forma de rancores.

D - Perdôo aos que me fizeram algo e lhes peço perdão

Escreva em um papel esta frase, incluindo seu nome completo, isto é, seus nomes, algum apelido e seu(s) sobrenome(s):

Eu (SEU NOME COMPLETO), *perdôo-os* por todos os atos e omissões que tenham cometido contra mim, os outros e a humanidade, consciente e inconscientemente, e eu, (SEU NOME COMPLETO), *peço-lhes perdão* por todos os atos e omissões que eu tenha cometido contra você, os outros e a humanidade, *consciente e inconscientemente.*

Agora, com seus olhos fechados, imagine que estão aí, em sua frente, as pessoas às quais *vai perdoar e pedir perdão.* Quando já as estiver imaginando, repita-lhes, três vezes, a frase que você escreveu, em voz alta ou *internamente,* como quiser.

Ao terminar, observe o que fazem e lhes agradeça. Se tiver a impressão de que não ficaram muito tranqüilos, *despreocupe-se,* pois já fez o que devia e *você está livre, suas feridas* já estão *cicatrizando saudavelmente, automaticamente,* e você está pronta, pronto para *transformar seus rancores* em energia vital. Se não lhe perdoam, o problema é deles.

Quando quiser, faça uma respiração profunda e abra seus olhos.

Já que estamos neste processo, vamos completá-lo com o seguinte exercício para trabalhar seus rancores.

Eu aprendo a digerir meus rancores

EXERCÍCIO 13

A - Dou uma cor ao rancor e outra à minha energia vital

Se o rancor tivesse uma cor, que cor seria? e qual seria a cor da energia vital que você tem para ficar saudável, crescer e desfrutar?

B - Minha respiração encontra o rancor dentro de mim

Acomode-se aí onde está ou mude de lugar, acomodando-se e, com os olhos fechados, sinta *sua respiração* que chega a todo o seu corpo, a todas as suas partes, ao mais profundo de você, a todos os vãos, a todas as voltas, a você todo.

E deixe que sua respiração, *confortavelmente, protegidamente, automaticamente,* busque e *encontre esse rancor* guardado, escondido e à flor da pele. Aí está e você se dá conta de que *já o encontrou,* quem sabe porque o está imaginando, quem sabe porque aparece uma sensação agradável em seu corpo que é o sinal de que já o encontrou e começa a digeri-lo *saudavelmente.*

C - Digiro o rancor com minha respiração

Observe como, sem que faça nada, *sua respiração está digerindo o rancor saudavelmente, automaticamente.* Observe como, a cada vez que o ar sai através de seu nariz, de sua boca ou de ambos, sai também a parte inútil desse rancor e fica lá dentro a energia vital de que você precisa para viver bem, desfrutando a vida, *saudavelmente.*

E você se dá conta de que isso está acontecendo porque pode ver ou sentir de que forma *isso sai,* da cor do rancor e de que maneira *seu corpo vai se enchendo* com a cor da *sua força vital.*

Você está *aprendendo* a digerir, *automaticamente,* os rancores a cada vez que se formarem, *transformando-os em força vital.*

Conforme isto vai acontecendo, você se sente mais tranqüila, mais tranqüilo e aparece uma sensação agradável que diz a você que *seu corpo e sua mente inconsciente já aprenderam* por si sós *a digerir os rancores* e a manter você para sempre limpa, limpo e livre deles.

Quando isto acontecer, faça uma respiração profunda e abra os olhos, com a tranqüilidade de que a digestão continua, continua, continua durante o tempo que for necessário, sempre *saudavelmente.*

Se você sabe que os rancores que, durante tanto tempo, você guardou e agora já digeriu tinham a ver com uma ou várias pessoas em particular, seria prático que fizesse o Exercício 14 com cada uma delas para ficar em paz de uma vez por todas com essa relação, ainda que elas continuem iguais e no caminho delas.

Eu aprendo a ajustar contas pendentes, harmoniosamente

EXERCÍCIO 14

Você pode fazer este exercício tanto com pessoas vivas quanto com pessoas já falecidas, de preferência uma a uma.

Trata-se de falar de tudo o que ficou pendente por falar, por reclamar e por agradecer **na imaginação e apenas na imaginação.** Existem muitas coisas que não faz sentido repetir lá fora porque as pessoas não vão entender nem aceitar.

Trata-se de *resolver* **dentro de você** as coisas pendentes que tem com essa pessoa, *devolver-lhe a energia dela e recuperar a sua* que ficou com ela, de uma forma protegida, que evita machucar os outros ou sair machucada, machucado.

Quando gostamos de alguém ou convivemos muito ou intensamente com este alguém, colocamos parte de nossa energia neste alguém e recebemos parte da sua. Isso nos impede de acabar de nos separar, nos manter à distância, ficar bem.

Bem, agora selecione com quem vai começar.

A - Preparo o encontro

Acomode-se e, com os olhos fechados, imagine que está com a pessoa com quem quer *ajustar contas harmoniosamente* em um lugar agradável para você. Ela está como você gosta ou como lhe desagrada menos vê-la.

Agora *podem falar* sobre tudo o que ficou pendente por falar de um modo que não seria possível na vida real, mas na imaginação sim, *pode-se* e é muito importante fazê-lo. Lembre-se de que, neste encontro, nesta conversação, *tudo acontece como você precisa* que aconteça.

B - Recupero minha energia, devolvo-lhe a sua

Enquanto estão conversando, *sua respiração* está fazendo um trabalho muito importante para você. Sua respiração está *devolvendo* a essa pessoa toda a *energia dela* que havia ficado com você, *liberando você* e, ao mesmo tempo, sua respiração está fazendo *voltar para você a energia que você havia deixado nela, completando você,* e isto ocorre, como sempre, *confortavelmente, saudavelmente, automaticamente,* enquanto continuam falando ao longo deste exercício.

C - Reclamo e digiro sentimentos não digeridos

Reclame tudo o que tiver que reclamar. É muito importante porque, *a cada reclamação sua respiração vai digerindo automaticamente,* sempre *saudavelmente,* todos os *sentimentos* que tinha *reprimidos* com essa pessoa. Fique aí reclamando o tempo que for necessário antes de passar ao ponto seguinte.

D - Agradeço e guardo dentro de mim o bom que me deixou

Também agradeça-lhe o que tiver que agradecer: os momentos agradáveis vividos juntos, que são já parte sua e de que você pode se lembrar quando quiser, o que ensinou e deu a você.

Agradeça-lhe, ao menos, o que fez você crescer nessa relação porque, ainda que isso seja mérito seu, você cresceu dentro da relação com esta pessoa. O que deu a você e já é parte sua, está dentro de você. E é mais fácil estar em paz ou se despedir das pessoas lá fora, quando você sabe que leva dentro tudo o que você se deu.

E - Despeço-me

Quando houver terminado, despeça-se com tranqüilidade do que foi esta relação até o momento. Com o que você já reclamou, com o que agradeceu, devolvendo-a si sua energia e recuperando-a, estando disponível para despedir-se ou para reiniciar uma relação nova, mais saudável, diferente.

Notas e referências bibliográficas

1. Já em outra ocasião, junto a Jorge Abia, falei dos disfarces. Ver: "Descubro quem sou eu e aprendo a usar adequadamente meus disfarces" em ABIA, Jorge e Teresa Robles, *Auto-hipnose. Aprendendo a caminhar pela vida*, Editora Diamante, Belo Horizonte, 2005, pp. 139-159.
2. Ibid., pp. 30 e 31.
3. "Eu Descanso", em *Auto-hipnose. Aprendendo a caminhar pela vida*, Editora Diamante, Belo Horizonte, 2005, pp. 45-66.
4. A idéia da força amordaçada e ferida foi desenvolvida primeiro por Jorge Abia e está descrita no *Caderno de trabalho do Workshop do Manejo de Desordens de Ansiedade*. Formação em Hipnose e Psicoterapia Ericksonianas, Instituto Milton H. Erickson da Cidade do México, México, 1995.
5. Ver: ABIA, Jorge *La resistencia en hipnoterapia. De la leyenda de no poder, a la interacción terapéutica recíproca* (A resistência em hipnoterapia. Da lenda de não poder à interação terapêutica recíproca), em *Compartiendo experiencias de terapia con hipnosis* (Compartilhando experiências de terapia com hipnose), editado por Elizabeth Méndez Chavero, Alom Editores, México, 1996, pp. 27-38.

6. ABIA, Jorge, esquema do grupo de reflexão I que se realiza no Centro Ericksoniano do México, para aprender a sair do duplo vínculo, que é todo tipo de situações onde, haja o que houver, você se dá mal e, se não fizer nada, pior ainda.
7. CASTAÑEDA, Carlos, *Os Ensinamentos de Don Juan*, Fundo de Cultura Econômica, México, 1989, pp. 133-134.
8. Jorge Abia, desde 1993, começou a utilizar pensamentos e reflexões para induzir o transe, integrando-os com emoções e sensações físicas. Publicou isso pela primeira vez no Exercício 5 "Eu aprendo a colaborar com minha cura física e emocional" do livro *Auto-hipnose. Aprendendo a caminhar pela vida*, Editora Diamante, Belo Horizonte, 2005, pp. 81-88.
9. El rey, canção mexicana do compositor José Alfredo Jiménez, que diz assim: "Com dinheiro e sem dinheiro, faço sempre o que quero e minha palavra é a Lei. Não tenho trono nem rainha, nem ninguém que me compreenda, mas continuo sendo o Rei".
10. CASTAÑEDA, Carlos, *Os ensinamentos de Don Juan*, Fundo de Cultura Econômica, México, 1989, pp. 133-134.
11. ABIA, Jorge e Teresa Robles, *Auto-hipnose. Aprendendo a caminhar pela vida,* Editora Diamante, Belo Horizonte, 2005, pp. 85-93.

SEGUNDA REFLEXÃO

Qualquer coisa é um caminho; todos os caminhos são o mesmo; em todos nos encontramos com pessoas com boas e más intenções que nos olham, nos acariciam ou nos batem. O importante é que sejam *caminhos com coração,* que tornem prazerosa a viagem e que *nos façam ser* nós mesmos: mulheres, homens, *completas, completos.* Se não estamos à vontade, transitamos por um caminho sem coração. Para que não nos faça maldizer a vida nem nos debilite, é importante *experimentar* outros caminhos até *encontrar aquele em que nos sentimos bem.*

No nosso caminhar pela vida existem momentos privilegiados de encontros profundos que nos fazem tomar rumos diferentes ou aprender a caminhar melhor, até a voar.

Aos dezenove anos, entrei para a Universidade Ibero-americana para estudar Antropologia. Minha primeira prática de campo foi na Sierra Tarahumara. Fomos, um grupo de primeiro ano, com nosso recém nomeado Diretor da disciplina, o Dr. Luis González Rodríguez.

Ele havia sido missionário jesuíta na Sierra e amava profundamente o lugar e seus moradores. Sua simplicidade, sua comunicação íntima com esse mundo estranho e diferente, seu grande calor e qualidade humanos, assim como o cenário imenso, solitário, majestoso, foram um convite e uma permissão para que eu me esquecesse dos papéis com que cresci.

Uma de minhas tarefas foi entrevistar mulheres dessa região sobre a forma de preparar seus alimentos. Lá pelas onze da manhã de um dia precioso, disposta a obter esses dados, sentei-me com a caderneta de apontamentos à mão, do lado de fora de uma casinha, junto à mulher que morava lá. Tinha mais ou menos minha idade, apenas falava espanhol e eu, decerto, nada de tarahumar. Estava vestida com seu traje típico: pañoleta (lenço de pescoço na forma triangular) na cabeça, camisa branca de pregas e saia larga de flores, longa, sobre vários fundos brancos. Eu, de botas, calça de mescla e chapéu na cabeça, porque fazia muito sol. De frente a nós, uma vista maravilhosa da Barranca del Cobre.

Olhei seus olhos negros e profundos ao começar a falar e não me lembro do que aconteceu depois, só sei que, naquele momento, olhamos o céu e estava vermelho e alaranjado e meu papel em branco. E enquanto me sentia como uma parte infinitamente pequena desse entardecer, percebia com uma enorme força que, sendo tão diferentes por fora, *éramos muito iguais por dentro:* com vazios, forças, travas e sonhos. E tinha a impressão de que ela sentia o mesmo. E assim, *sentindo e vivendo,* como diria meu pai que havia morrido há dois anos, ficamos até o anoitecer.

Não é fácil nem prático ir a Tarahumara para se ter essas vivências, mas se tiver a oportunidade, amiga leitora, amigo leitor, experimente o que se passa quando você entra em um meio onde não conhecem você nem têm prejulgamentos sobre você. Uma forma prática de fazê-lo é com a imaginação, no seguinte exercício.

Eu aprendo a me sentir e viver de forma diferente, saudavelmente, protegidamente

EXERCÍCIO 15

A - Escolho onde eu gostaria de estar

Todos temos fantasias de viver um tempo em outro lugar, visitá-lo, mudar de cidade ou para um trabalho onde ninguém nos conheça e talvez façamos algo completamente diferente. Em que você tem pensado?

Dê um momento para escolher em que lugar e/ou situação você gostaria de ensaiar viver e sentir-se diferente, sem disfarces nem papéis, mas *sempre saudavelmente.* Quando tiver escolhido, passe a diante.

B - Treino ser eu nesse lugar

Acomode-se aí onde está e, com os olhos fechados, imagine como é esse lugar, essa situação onde você deseja treinar ser você mesmo, sem disfarces nem papéis. Você pode ver a situação ou imaginá-la como em um filme ou pode sentir-se dentro, como for melhor e mais *protegido* para você.

Deixe que sua respiração a construa com todos os detalhes. Evite fazer isso você mesmo. Sinta como o ar passa por seu nariz, por sua boca, por ambos, em um sentido, em outro, e observe como, sem que você faça nada, *sua respiração, saudavelmente, automaticamente,* está construindo essa cena para você, *protegidamente.*

Observe *como você é* aí dentro. Qual é a expressão do seu rosto, como são seus movimentos, o que sente ao estar aí. *Tudo ocorre bem aí,* como você precisa que ocorra.

Observe o que se passa com os outros: aproximam-se?, afastam-se?, olham para você?, que reflexos lhe mandam? Sente-se, acomode-se aí dentro, experimente ficar de um jeito e de outro, observando como se sente, ou simplesmente fique aí, desfrutando.

C - Aprendo com a experiência

Enquanto você está aí, desfrutando, sua respiração e, através dela, *sua mente inconsciente estão aprendendo* o que têm de aprender, *saudavelmente protegidamente, automaticamente.* E estas *aprendizagens* já fazem parte de você, *estão dentro de você,* trabalhando *para seu bem-estar saudável,* para sempre.

Quando quiser, faça uma respiração profunda e abra os olhos.

Essas oportunidades me foram dadas pela carreira de Antropologia. Não sei o que era mais fascinante, se descobrir mundos tão díspares e maravilhosos em cada povoado, serra, deserto ou vale, ou conhecer partes insuspeitas minhas e dos outros que me olhavam sem disfarce, quando muito com traje de universitária. É desnecessário dizer que, durante a carreira, inscrevi-me para cada trabalho de campo.

A Antropologia perdeu interesse para mim ao se converter em Antropologia de escritório quando, já casada e com dois filhos, nos instalamos na cidade do México. Dissemos que foi por razões de trabalho, mas na realidade foi um pouco por saudade da família depois de haver morado fora por dois anos. Ademais, porque, na cidade do México, tínhamos a mesa posta: a avó de Roberto, meu ex-marido, nos emprestou uma casinha dentro de seu jardim para morar.

Aí ficamos por quase sete anos, desfrutando desse jardim maravilhoso sem pagar aluguel, o que nos permitiu economizar para construir nossa própria casa.

Entrei de cabeça na Psicologia ao me dar conta de que podia ser terapeuta e voltar a ter contato direto com as pessoas. Disse a Roberto e ele, que sempre acreditou em meus sonhos, pôs-se a construir meu consultório na entrada da casa.

Estávamos por terminá-lo quando Anita, minha empregada, viajou de férias para sua terra. Anita é parte da família. Chegou em casa há vinte e cinco anos, antes de Daniel aprender a andar. Continuou comigo depois de me divorciar. Amamo-nos muito e ela tem uma fé cega em mim, em cada um de meus filhos e em Roberto.

Anita regressou trazendo uma amiga, Maria Alejandra, que foi outro de meus encontros profundos e me disse: "Está mal dos nervos, tentou se matar várias vezes e eu lhe disse que você a iria curar". Foi minha primeira paciente em psicoterapia. Vinha da zona mazahua, onde fiz minhas teses de Antropologia, o que nos levava a poder compartilhar muitas coisas.

Desde pequena, Maria Alejandra admirava as mulheres de seu povo que haviam saído para trabalhar e regressavam aos domingos "vestidas como senhoritas". Ela queria se vestir assim.

Aos seis anos, seu pai a levou a Toluca para trabalhar como criada e passava todo mês para pegar o salário. Ela não gostava de estar nessa casa. Nenhuma garota dessa idade poderia ter gostado. A senhora a trancava ou batia nela por suas travessuras ou porque carregava o bebê e o derrubava.

Com a ajuda de uma prima mais velha conseguiu escapar para a cidade do México. Depois de várias aventuras e diferentes trabalhos, chegou à casa de uma família que a tratava muito bem e da qual ela gostava muito. A senhora tomou conta dela. Ensinou-a a cozinhar, a falar ao telefone, a tomar ônibus, a se vestir e a se pintar.

No povoado havia sido sempre Maria. A patroa perguntou-lhe se tinha outro nome e desde então a chamou de Alejandra. Ela gostou mais desse nome.

Aí foi feliz por vários anos *aprendendo* a ser mulher de cidade e sonhando em se casar com um homem melhor posicionado, que tivesse estudado, igual ao senhor, que a tratasse bem e a levasse a passear, talvez de carro; que conversasse com ela à noite sobre o que cada um havia feito de dia; ter filhos que fossem à escola e uma casa com janelas grandes, com vasos, com flores, que cuidaria e deixaria bem bonita.

O homem sonhado chegou. Era Pedro, vários anos mais velho que ela. Havia feito o Preparatório e tinha um conjunto musical que ia de povoado em povoado tocando em festas nos fins de semana. Trabalhava também dirigindo caminhões de carga de sua família, a família mais rica de um povoado da região de Maria, só que era um povoado de mestiços, não de índios.

Casaram-se e foram morar na casa de Pedro. Aí se encontrou, de repente, voltando a ser Maria, a índia, depreciada pela família de Pedro, ainda que soubesse vestir-se bem e se pintar. Viam-na e tratavam-na como índia, sobretudo sua sogra.

Pedro saía para tocar nas festas e ela ficava fechada, triste, às vezes chorando. Ele se incomodava de encontrá-la assim e não conversava mais com ela. Para a família de Pedro não havia porque chamá-la para passear e para que ele iria comprar-lhe roupa bonita se não saía?, a quem queria galantear?

A casa era grande sim, contudo, começou a senti-la como a um cárcere que a adoecia cada vez mais, até fazê-la sentir que já não queria viver assim. Como Maria, não. Como Alejandra sim, mas já não era possível.

A terapia, uma terapia que fugiu a todos os enquadramentos e formalidades que eu havia aprendido, começou com uma metáfora de Maria. Disse-me: "Sinto-me como um cântaro que não está curado e que, por mais que o encham de água, sempre vaza, vai esvaziando".

Eu vi o cântaro, úmido embaixo, e lembrei-me de momentos em que me havia sentido assim. Falamos sobre o fato de que não existem pessoas que possam encher todo o cântaro por si só e para sempre. *Nosso cântaro vai se enchendo em cada encontro* com alguém que nos quer, que nos ensina ou nos dá algo. E nós *também enchemos um pouquinho o cântaro dos outros.*

Maria e eu decidimos que era melhor que os cântaros ficassem sem curar para que continuassem a se encher com muitas pessoas, em muitas situações, ao longo da vida. De outro modo, chegaria um momento em que não caberia mais nada neles, nem uma gota a mais que alguém nos quisesse dar, e a água estagnada dentro poderia apodrecer.

Esta foi uma da muitas coisas que Maria me ensinou. Desde esse dia, vejo, lembro-me de meu cântaro e me preocupo de que *a água esteja sempre fluindo, dando e recebendo.*

Convido você a descobrir seu cântaro e a dar uma limpadela nele para que possa enchê-lo com águas limpas, velhas, novas, de cores e sabores diferentes.

Eu aprendo a conhecer meu cântaro e a mantê-lo

EXERCÍCIO 16

A - Descubro meu cântaro

Quando você leu sobre o cântaro de Maria, veio-lhe alguma imagem? Se a resposta for sim, esse é seu cântaro, ao menos neste momento. Feche seus olhos e observe-o em todos os detalhes, sinta-o. Se não, feche seus olhos e note que tipo de cântaro aparece ou que você gostaria de ter.

Evite forçar-se para evocar uma imagem; *deixe que sua respiração a construa* e apenas *observe com curiosidade* o que aparecer. Lembre-se de que pode ser algo estranho ou ilógico, porque assim funciona nossa mente inconsciente, de modo que, apareça o que aparecer, *é isso mesmo e está bem.*

Já se deu conta do que foi que *apareceu?* Sim ou não, *despreocupe-se,* porque aí está. Todos temos um cântaro e sua respiração, que vai a todas as suas partes, a você completa, a você completo, continua trabalhando com ele ao longo do exercício.

B - Conheço meu cântaro

Deixe que *sua respiração* chegue ao seu cântaro e ponha se em contato com ele, *conhecendo-o, reconhecendo-o, ajeitando* o que tem de se ajeitar, *limpando-o,* filtrando a água e deixando-o igual, mas *saudavelmente* renovado, renovando-se a cada respiração, *saudavelmente, protegidamente.*

Você está *aprendendo a manter saudavelmente,* confortavelmente, *seu cântaro,* a cada respiração.

C - Desfruto do meu cântaro

Fique aí *desfrutando* deste momento em que está *em contato, protegido* com você, *com o mais profundo de você.*

Olhe seu cântaro, olhe a água, sinta-os, toque-os, sorva-os, brinque com eles. Tudo isto ocorre *saudavelmente, protegidamente.* Anime-se, se quiser, a molhar suas mãos ou ainda a tomar um gole, *desfrutando* da sensação de ter o cântaro levantado em suas mãos, seus lábios apoiados na borda, o olor, o sabor e a temperatura da água que vai entrando por sua boca, vinda do cântaro.

Você está *aprendendo a conhecer e a desfrutar de seu cântaro saudavelmente.* Está aprendendo, *protegidamente,* a torná-lo seu, com tudo o que contém.

Quando você sentir que já foi suficiente, faça uma respiração profunda e abra os olhos, com a tranqüilidade de que sua respiração continua trabalhando para você, *saudavelmente,* confortavelmente, durante o tempo que for necessário.

Tenho pensado muito porque tanta gente anda pela vida com os cântaros quase vazios ou com a água estagnada. Creio que, em parte, isso se deve a que algumas pessoas se empenham em que as outras sejam como elas queriam, sem aceitá-las como são. Esperam que lhes dêem o que não podem dar, ainda que queiram, porque não o têm e, conseqüentemente, as pessoas não recebem o que as outras lhes estão oferecendo.

Quase todos os casais que chegam à terapia comigo comentam desde a primeira sessão: "Se ele (ou ela) deixasse de fazer isto ou aquilo, e mudasse apenas nestas coisas, estaríamos tão bem", "o que lhe custa mudar apenas um pouquinho?" ou "não é carinhoso, não me olha, não faz nada, não diz nada", "passa o dia na casa de sua mãe", "faz da casa um reduto, e essa é sua primeira obrigação", "não se compromete, não quer que nos casemos e vivamos juntos" (no caso de pessoas divorciadas que começam uma nova relação), etcétera, etcétera, etcétera.

Invariavelmente, digo-lhes que cada um é como é e que me parece uma falta de respeito pedir ao outro que mude, em vez de aceitá-lo e já.

Convido-os a abrir bem os olhos, observar como é seu par, o que gosta ou desgosta nele ou nela, *porque cada pessoa é o pacote completo,* com qualidades e defeitos, coisas de que gostamos e de que desgostamos, com seus limites de tempo e de lugar. E o problema se repete em todas as relações humanas, além do casal.

No primeiro livro de Auto-hipnose, escrito com Jorge Abia, dedicamos um capítulo inteiro a este tema e propusemos quatro exercícios para aprender a nos relacionarmos com o outro como pacote completo.[1]

Agora queria lhes propor que se animem a aceitar o que o outro lhes pode dar, sem pedir pêras ao olmo, ou melhor dizendo, sem pedir pêras à macieira ou maçãs à pereira, e que lhe ofereçam o que tenham. Creio que, depois de ter se animado a transitar por caminhos alheios no Exercício 11, será muito fácil.

Eu aprendo a receber de cada um o que me pode dar

EXERCÍCIO 17

A - Detecto a que macieiras pedi pêras e a que pereiras pedi maçãs

Dê-se um momento para repassar suas relações importantes, próximas, recordando as pessoas que você tenha guardado como que não te deram algo que você pediu, depois de tudo o que você lhes deu, ou que não fazem esforços suficientes para ser do jeito que você precisa. Essas são as macieiras às quais você tem pedido pêras ou as pereiras às quais tem pedido maçãs, em vez de desfrutar de sua visão, sombra, proteção e da fruta que lhe oferecem.

B - Descubro e recebo o que me estão oferecendo

Deixe que sua respiração, que vai até o mais profundo de você mesmo, aí onde estão as marcas de tudo o que foi vivido, *traga* à sua mente, *automaticamente, protegidamente, lembranças* toleráveis para você, nos quais você está com estas pessoas às quais até agora havia pedido o que não lhe podiam dar, sem se inteirar das coisas boas que lhe estavam oferecendo.

Agora que você já aprendeu a encontrar as cores rosa que há em todas as situações da vida e a experimentar como se transita pelos caminhos dos outros, note como é muito fácil *dar-se conta do que cada pessoa está oferecendo a você nessas lembranças.*

Pode ser água, pêras, maçãs, grandes ou pequenas, tudo bem, porque você está aprendendo a encher seu cântaro com o que cada pessoa e cada situação lhe pode dar, descobrindo que é mais fácil preencher-se com muitos pouquinhos do que com a água de um só cântaro, ou do que com a fruta de uma só árvore, que corre o risco de acabar. Você está aprendendo a dar e a receber água e frutas, sombra, proteção.

Você pode receber fruta e devolver sucos, frutas-de-conde, compotas, ou compartilhá-los.

É muito agradável sentir-se encher pouco a pouco, *aprendendo* a receber de cada um o que lhe pode dar, *com a tranqüilidade da ausência de necessidade de pedir* pêras à macieira, maçãs à pereira, *sabendo que não podem lhe dar.*

C - Aprendo a experimentar protegidamente o que me dão

Enquanto você sente como o ar passa através de seu nariz, de sua boca ou de ambos, em um sentido, em outro, note como você sente a água dos diferentes cântaros e a fruta que você está experimentando.

Sua respiração está ensinando você a sentir em seu corpo, a reconhecer em sua mente, que águas, que frutas são boas e saudáveis para você e quais não são. As que agora, em transe, lhe produzem uma sensação física agradável, são boas e saudáveis para você, neste momento. As que não o são, produzem em você, agora, neste exercício, uma sensação física desagradável.

Fique atento porque *essa sensação sinalizadora está sempre aí*, ainda que em algumas ocasiões tenha um volume baixo, muito baixo.

E é muito curioso porque pode ser que, ao experimentar neste exercício, águas e frutas que antes lhe pareciam pouco atrativas e até repulsivas, agora se dê conta de que lhe são *saudáveis.* Outras podem continuar sendo repulsivas porque, *seguramente,* nada têm a ver com você, ao menos por agora.

D - Aprendo a aceitar as águas e frutas que me fazem bem e a recusar as que nada têm a ver comigo

E, à medida em que vai *aprendendo, automaticamente, a reconhecer* as diferentes águas, as distintas frutas, vai aceitando, *saudavelmente,* as que têm a ver com você, as que você deseja receber, e agradecendo e recusando as que você sente que poderiam causar dano ao seu cântaro ou ao seu conteúdo caso as recebesse.

E não é que essa águas sejam necessariamente más, apenas não se ajustam *saudavelmente,* espontaneamente, a você, ao menos neste momento de sua vida. Talvez, depois, possam lhe ser saudáveis.

A cada respiração você está *aprendendo a exercer seu direito de receber somente o que lhe é bom e saudável,* façam o que fizerem os outros, pareça o que lhes parecer, e você o está desfrutando.

E - Aprendo a encher outros cântaros tranqüilamente, desfrutando

Note como, sem que você faça nada, nesses mesmos momentos e situações, você está *aprendendo, saudavelmente, protegidamente,* a receber de cada um o que lhe pode dar e é bom para você, *e a encher* com águas, frutas, *os cântaros* daquelas pessoas *a* quem você deseja *dar,* e elas voltam a encher o seu.

Você está *aprendendo* a compartilhar sucos, compotas e frutas-de-conde, com os demais. *Você está aprendendo a se relacionar protegidamente com quem você decide, com quem lhe faz bem, dando e recebendo saudavelmente, livremente,* o que cada um pode dar e receber, com ausência de exigências inúteis, *com* presença de *aceitação e discriminação saudáveis.*

E como *estes aprendizados já são parte sua e se dão* automaticamente, unidos à sua respiração, de hoje em diante e *para sempre,* quando quiser terminar o exercício faça uma respiração profunda e abra os olhos.

***

Voltando à minha primeira paciente, a mulher mazahua, depois de aprender a encher seu cântaro, ela teve que aprender a aceitar que não era Maria, a índia, que ela depreciava, com vazios, com travas, com riquezas que antes não podia ver. E tampouco era Alejandra, a mulher da cidade, forte e sonhadora, mas sim Maria Alejandra, mulher completa, com duas metades aparentemente opostas.

Isto ocorreu há quase vinte anos e, desde então, venho pensando que, em todas as mulheres, existe uma Maria e uma Alejandra.

Eu sou Guadalupe Teresa e tendo a esconder a Guadalupe, minha parte tradicional, minhas travas, tudo o que fui sendo ao nascer e crescer na família que nasci e cresci.

Eu a escondo tanto que muito poucas pessoas sabem que sou Guadalupe, crendo-me apenas Teresa, a mulher moderna, forte, profissional, de êxito, resultado dos sonhos que se têm feito realidade por fora e por dentro. E Guadalupe apenas aparece timidamente, como uma lembrança, abreviada em minha assinatura, não obstante que, sem sua participação interna, esses sonhos não teriam se tornado realidade.

Em todas as mulheres, existe uma Maria e uma Alejandra. Em todos os homens, existe um Pedro e um Roberto. Penso que, dessa forma, somos mulheres completas, homens completos, e atuamos como incompletas, como incompletos, se escondemos alguma das duas partes. Então se criam os problemas, sobretudo nas relações com os outros.

Quando as mulheres se queixam dos homens e querem se libertar deles, na realidade estão brigando Alejandras contra Pedros e, quanto mais forte for a briga, mais se escondem as Marias envergonhadas, os Pedros têm que sair mais na defensiva e não dão aos Robertos a oportunidade de aparecer.

Em todas as mulheres existem uma Guadalupe e uma Teresa aparentemente opostas, mas, na realidade, metades de uma mesma mulher. Em todos os homens, existem um Pedro e um Roberto, aparentemente opostos, mas, na realidade, metades de um mesmo homem.

Assim como não existe dia sem noite, não há vida sem morte, nem princípio sem fim, assim também, creio eu, essas duas metades estão em todas as mulheres, em todos os homens, mesmo que talvez, em muitas, em muitos, ainda não tenham nome, porque sequer foram reconhecidas.

As palavras ordenam nossa percepção do mundo: "No princípio era o Verbo". E logo as mudanças no mundo geram ou transformam seus próprios nomes.

Convido você a começar a explorar sua Maria e sua Alejandra, ou seu Pedro e seu Roberto, para que você descubra seus nomes.

Eu aprendo quem são minhas duas partes

EXERCÍCIO 18

Lembre-se de que uma é sua parte tradicional, a que segue os padrões da família onde você nasceu e cresceu, os padrões sociais e culturais que você recebeu, filtrados por essa família em particular. A outra é o resultado de seus sonhos, de seus projetos, é a parte que luta para sair dos papéis familiares, sociais, culturais, que tenta se livrar dos disfarces que lhe impuseram ou, ao menos, adquirir outros que valoriza, escondendo esses.

A - Descubro seus nomes

Acomode-se aí onde está e, com os olhos fechados, *lembre-se* do que acabou de ler sobre Maria Alejandra, sobre eu ser Guadalupe Teresa, sobre os Pedros e os Robertos. Recorde *o que lhe fez sentir, imaginar ou pensar,* e depois *deixe sua mente ir protegidamente* para onde quiser.

Se tiver mais de um nome, ou tiver apelidos, deixe que chegue até você a sensação de qual de seus nomes ou apelidos é o de sua parte tradicional e qual é o da parte que você foi construindo com seus sonhos.

Se você só tiver um nome e não tiver apelidos, note como, sem que você faça nada e *sem que possa evitá-lo, aparecem* aí, *protegidamente, saudavelmente, os nomes de suas duas partes* e você sabe, lá de dentro, qual nome corresponde a cada uma. Saúde-as por seu nome, uma primeiro e depois a outra.

B - Descubro quando aparecem em minha vida

Deixe que sua respiração traga até você, confortavelmente, *protegidamente,* lembranças de diferentes momentos e situações de sua vida onde aparecem suas duas partes: às vezes uma, às vezes outra. Observe-as com todos os detalhes, *aprendendo com elas, aprendendo* de que forma são parte de você, reconhecendo suas qualidade e defeitos, suas vantagens e desvantagens e, sobretudo, se nesses momentos aparecem oportunamente ou fora de lugar. Você está *aprendendo com elas e desfrutando da experiência.*

C - Conheço *protegidamente* minhas duas partes

Sinta sua respiração e note como, sem que você faça nada, *aparecem aí, protegidamente, saudavelmente, suas duas partes.* Pode ser que apareçam como sensações físicas em seu corpo, ou como imagens suas, com atitudes diferentes. Pode ser também que apareçam representadas *de qualquer forma:* com cores, sombras, luzes. O que aparecer é isso mesmo. Fique um momento *observando-as, conhecendo-as, reconhecendo-as, confortavelmente, protegidamente.*

As duas são partes suas e você está *aprendendo, saudavelmente, protegidamente,* a conhecê-las, a reconhecê-las, assim como tem sido até agora.

Quando quiser, faça uma respiração profunda e abra seus olhos.

Um passo adiante é *aprender a aceitá-las como são, a amá-las e perdoá-las* pelos erros.

Se, ao ler esta frase, você se rebela internamente e diz a si mesmo: "Eu não aceito tal parte porque me traz problemas ou por tal ou tal razão", quero lhe dizer que cada uma fez o que pôde na vida, e que sabemos, pela prática e pela teoria, que ***todas as nossas partes são necessárias***, e todas *fazem o melhor esforço* para colaborar *para nosso bem-estar.*

Os problemas se acumulam porque não as conhecemos e/ou não as aceitamos.

Deixe-me contar-lhe que eu, há muitos anos, e sem ter idéia disto, me casei com um Roberto. Diante do mundo se casavam Teresa e Roberto, cheios de planos e projetos, querendo fazer uma vida e uma relação diferentes das de seus pais. Guadalupe e Pedro iam também aí, meio escondidos e até um pouco rechaçados.

Fomos estudar em Paris onde vivemos o movimento de maio de 1968 e nasceram Andrés e Cecilia, nossos primeiros filhos, gêmeos. Primeiro, aconteceu-nos sofrer a rigidez dos grandes mestres, catedráticos, transmitindo "A Verdade" a nós estudantes que os escutávamos de baixo, sem poder sequer perguntar, muito menos questionar. Depois, coube a nós a rebelião contra esses monstros sagrados que se acreditavam intocáveis. Lançamos paralelepípedos pelas ruas do Bairro Latino, aplaudimos as reivindicações dos operários.

Cecilia e Andrés nasceram no dia da grande manifestação operário- estudantil, o clímax do movimento na França. Nesse dia, também se festejava outra rebelde, Joana D'Arc e, como se fosse pouco, era Dia das Mães. Coisas demais de uma só vez. Presenciamos o desespero e a impotência do Presidente De Gaulle, que gritou e perdeu a compostura, no rádio e na televisão, diante de milhões de franceses.

E, em meio ao triunfo, chegaram as férias e, estudantes e operários abandonaram a luta e foram passear. Toda a intensidade desses momentos se revolvia dentro de nós. Deixamos de crer no movimento, nos parisienses, na França.

Encontramo-nos, de repente, frente à realidade: sozinhos, em um país estranho, com dois bebês, sem dinheiro, com os pagamentos das bolsas de estudo suspensos. Buscamos segurança no conhecido. Começamos a preparar o regresso ao México e voltamos a ser os estudantes que sobressaíam, o casal ideal, e agora também os pais próximos e eficientes dos filhos que, por certo, iriam ser perfeitos e, portanto, só tinham jogos educativos.

Esta imagem nos marcou a vida toda. Por sorte, sua força foi diminuindo no México. Por exemplo, Daniel, que nasceu aqui, teve a oportunidade de brincar com carrinhos.

Estabelecidos no México, assumimos o disfarce de diferentes e, indo contra os esquemas familiares, decidimos que Roberto ficaria uma temporada em casa, desfrutando de seus filhos, enquanto Teresa trabalhava e assumia a despesa. Um ano e meio depois, nascia Daniel. Cabia a mim desfrutar de minha maternidade.

Esta conjuntura facilitou que aparecessem Guadalupe e Pedro que, durante vários anos, foram bem aceitos e até valorizados. Guadalupe cozinhava, costurava sua roupa, era uma mãe entregue. Pedro encontrou um trabalho estável que, ainda que não lhe satisfizesse, lhe dava a segurança do salário mensal e lhe permitia passar as tardes com a família.

Pedro Roberto e Guadalupe Teresa viveram muitos momentos intensos e suaves, a maioria bons, alguns excelentes, outros maus ou regulares, durante quase dezessete anos. Viveram-nos como estudantes, praticando esportes, viajando, como pais: preocupando-se com os filhos, ralhando e brincando com eles; na cama e, sobretudo, sendo muito companheiros.

Os cântaros se enchiam com diferentes experiências, deles mesmos e do encontro com outros, porque caminhavam muito e em diferentes direções e até então os caminhos ou eram com coração, ou se não eram, juntos buscavam e experimentavam até voltarem a ser um com o caminho.

Roberto apoiava Teresa, quase que incondicionalmente, para que continuasse estudando e trabalhando. Apoiou-a na França e no México. Teresa e Roberto queriam crescer juntos. Sempre tinha sido assim. As intenções sinceras de Roberto para que ela crescesse faziam com que Pedro agüentasse oito horas diárias em um emprego que não o satisfazia, o que permitia a Roberto continuar com seu papel de bom pai, passando a tarde com seus filhos, e a ele, a Pedro, manter a sua família.

Pedro começou a ficar invejoso por Teresa desfrutar tanto de seu trabalho. A ficar cada vez mais assustado com seu êxito profissional, de que fosse tão admirada lá fora. Até começou a suspeitar de possíveis pretendentes. Assustava-se, inclusive, com o fato de que começasse a ganhar igual ou mais que ele, e que, portanto, pudesse vir a não precisar dele.

Eu, em Guadalupe e em Teresa, sentia o rancor e o medo de Pedro transformado em agressão, mas só via o Roberto que acreditava em meus sonhos, fazendo seu maior esforço em continuar me apoiando.

Parece que Roberto tampouco via Pedro. Qualquer proposta de Guadalupe e de Teresa para que ele crescesse estudando, mudando de trabalho, era rechaçada por Roberto porque estava empenhado em continuar com os papéis de bom pai e bom esposo, ainda que fosse às custas de Pedro. Quem sabe ele também tivesse colado o disfarce de super-homem e o confundia com sua própria pele.

E quanto mais Teresa crescia, tanto mais ressentido e agressivo se punha Pedro, e mais culpado Roberto, porque admirava Teresa e queria ajudá-la.

E ainda que Guadalupe Teresa e Pedro Roberto se amassem, em meio a tantos desencontros, quatro anos de desencontros, e sem entender bem do que se tratava, se separaram depois de estarem juntos vinte e um anos, com os cântaros quase vazios.

Aí Teresa e Roberto se divorciaram como "deve ser", sem pleitos nem argumentos, de acordo com o que o papel de super-casal determinava. E com eles se foram, Guadalupe e Pedro, bastante ofendidos, sem que lhes permitissem gritar nem chorar em público.

Agora entendo que isso se deu porque não reconhecemos nem estávamos preparados para aceitar Guadalupe e Pedro, que permaneceram incomunicáveis a Teresa e Roberto. Os quatro queriam o bem-estar dos dois e do casal, mas não puderam colaborar entre si para alcançá-lo, ainda que Guadalupe Teresa e Pedro Roberto, enquanto estivemos juntos, lutamos para fazer o melhor.

Acabou-se. Guadalupe Teresa se lançou a caminhar outra vez pelo mundo, e voltou a encher seu cântaro com experiências, encontros e novos desencontros, contudo segue agradecida. A Roberto, por havê-la impulsionado a crescer profissionalmente; a Pedro, pelo seu sacrifício. Segue agradecida a Pedro Roberto, que sempre acreditou nela, pelos momentos completos, de um a um, na França, no México, na escola, com os filhos, no campo e no mar, na cama e na discussão por qualquer motivo interessante.

Demorei muito tempo para me dar conta do que havia acontecido, para conhecer e aceitar as minhas duas partes, e permitir-lhes que se comunicassem.

Ainda que o refrão diga que "ninguém aprende com a cabeça alheia", gostaria de desafiá-lo e convidar você a fazer os seguintes exercícios, para aceitar as suas duas partes e permitir que se comuniquem e colaborem para o seu bem-estar. Dê a elas e a você esta oportunidade. O que você pode perder em tentar? Se em algum momento lhe ocorrer que existem outras partes, repita com elas também os dois exercícios seguintes.

Algumas pessoas preferem trabalhar este ponto com algum profissional da saúde que domine estas técnicas. Se é o seu caso, tudo bem, mas antes leia os exercícios para que você se dê conta de que são muito simples. Você pode fazer as duas coisas.

Eu aprendo a perdoar e aceitar minhas partes

EXERCÍCIO 19

A - Preparo-me para fazer o exercício

Vamos escrever uma carta a cada uma de suas partes, para o quê necessita de duas folhas de papel e um lápis ou caneta. Escolha um lugar onde se sinta confortável e prepare-se para escrever. Escolha a qual parte vai se dirigir primeiro.

B - Comunico-me com uma de minhas partes, aceitando-a, perdoando-a

Comece a carta dirigindo-se a essa parte com uma frase carinhosa. Explique-lhe que talvez tenha havido mal-entendidos e problemas de comunicação entre você e ela.

Escreva-lhe que a aceita e que quer conhecê-la e entendê-la, *que você a perdoa* por qualquer coisa que lhe tenha feito sem querer. E, agora, peça-lhe perdão por não compreendê-la, pelo que for necessário.

Ponha na carta todas as coisas agradáveis que quiser lhe dizer neste momento e, antes de terminar, pergunte-lhe se tem feridas abertas e explique-lhe que todas as feridas cicatrizam se as deixamos cicatrizar. Conte-lhe de que forma *nossa respiração ajuda para que, saudavelmente, protegidamente, a cura das feridas seja mais fácil.* Diga-lhe algo muito especial que seja só para ela. Despeça-se com uma frase carinhosa e dobre a carta.

C - Comunico-me com a outra parte, aceitando-a, perdoando-a

Repita o mesmo exercício com sua outra parte. Comece a carta dirigindo-se a essa parte com uma frase carinhosa. Explique-lhe que talvez tenha havido mal-entendidos e problemas de comunicação entre você e ela.

Escreva-lhe que a aceita e que quer conhecê-la e entendê-la, *que você a perdoa* por qualquer coisa que lhe tenha feito sem querer. E, agora, *peça-lhe perdão* por não compreendê-la, pelo que for necessário.

Ponha na carta todas as coisas agradáveis que quiser lhe dizer neste momento e, antes de terminar, pergunte-lhe se tem feridas abertas e explique-lhe que todas as feridas cicatrizam se as deixamos cicatrizar. Conte-lhe de que forma *nossa respiração ajuda para que, saudavelmente, protegidamente, a cura das feridas seja mais fácil.* Diga-lhe algo muito especial que seja só para ela. Despeça-se com uma frase carinhosa e dobre a carta.

D - Eu as ajudo a cicatrizar suas feridas com a respiração

Tome as duas cartas entre suas mãos e, com seus olhos fechados, fique um momento sentindo sua respiração. Sinta como o ar passa através de seu nariz, ou de sua boca, ou de ambos, em um sentido, em outro, *protegidamente, saudavelmente,* e deixe que sua *respiração,* que vai a todas as suas partes, chegue *saudavelmente, automaticamente,* a estas suas partes, *curando, cicatrizando suas feridas, enchendo-as com sua aceitação e seu perdão.*

Fique assim um momento e note como aparece em seu corpo uma sensação agradável que antes não havia e que é o sinal de que suas *feridas já estão cicatrizando com sua respiração e seu perdão,* e que *elas,* por sua vez, aceitas e perdoadas, *aceitam você como você é e perdoam você por tudo* o que necessita ser perdoado.

Eu aprendo a facilitar a colaboração de minhas partes para meu bem-estar

EXERCÍCIO 20

É muito importante que esta colaboração *se dê* no passo e no ritmo de suas partes. Em algumas pessoas, são observadas *mudanças importantes* e a influência de uma sobre a outra de maneira imediata, em outras, apenas se inicia o processo pelo qual suas duas partes *estão se comunicando.*

Aconteça o que acontecer, está certo. O importante é que a comunicação se inicie. Uma vez que isto já tenha acontecido, *o processo continua de forma ininterrupta, sempre saudavelmente,* sempre automaticamente, e seu único destino possível *é a renovação saudável* de cada uma de suas partes e sua colaboração para alcançar seu bem-estar.

Assim *despreocupe-se,* até onde chegar neste exercício está bem, porque *o processo continua, continua, continua pelo tempo que for necessário.*

A - Ponho-me em contato com minhas partes

Acomode-se aí onde está e, com os olhos fechados, sinta sua respiração, *essa respiração* que *é vida saudável* e que chega ao mais profundo de você, a todas as suas partes, a todos os seus orifícios, a todos os seus espaços vazios, a todas as suas reentrâncias, a todas as suas saliências e protuberâncias, e observe, sem fazer nada, como sua respiração, *automaticamente, protegidamente e sem que você possa evitar,* faz aparecer em *suas duas partes,* essas partes suas que *você já aceitou e aceitaram você,* que *você já perdoou e perdoaram você.*

Aparecem, talvez, como apareceram no exercício 16, pela primeira vez, ou talvez de formas diferentes, porque estão *sempre mudando,* sempre *se transformando saudavelmente,* agora já *ligadas à sua respiração.* O que primeiro aparecer é isso mesmo, por mais ilógico, estranho ou absurdo que lhe pareça.

B - Comunicam-se com minha respiração

Sinta sua respiração e observe como, sem que você faça nada, *a cada respiração elas se olham, se conhecem, se reconhecem, estão se comunicando,* em seu passo e em seu ritmo, sempre saudavelmente, sempre *automaticamente.* A cada respiração estão *aprendendo uma com a outra e colaborando assim para seu bem-estar saudável.*

C - Aceitam-se e se perdoam

A cada respiração se aceitam e se perdoam, ainda que você não se dê conta, ao mesmo tempo que *continuam se olhando, conhecendo-se, reconhecendo-se, aceitando-se, perdoando-se e renovando-se saudavelmente, protegidamente.* E você se dá conta do que está acontecendo porque aparece em seu corpo uma sensação agradável que antes não havia, ou porque uma que já existia se amplia ou se faz mais perceptível.

D - Os processos que vivem minhas partes continuam

E conforme tudo isso vai acontecendo, elas continuam sendo as mesmas partes suas, elas mesmas, porém *saudavelmente renovadas, renovando-se a cada respiração,* em um processo saudável, fácil, que se dá por si só, ainda que você não saiba conscientemente como, confortavelmente em seu ritmo, *protegidamente.*

Estão se comunicando, *aprendendo* uma com a outra, renovando-se *saudavelmente* e colaborando para seu bem-estar saudável. Já que *estes processos* estão se dando e *continuam por si sós a cada respiração, automaticamente, saudavelmente,* quando você quiser faça uma respiração profunda e abra os olhos.

Lembre-se de que você pode repetir este exercício quantas vezes sentir que é necessário ou por simples curiosidade, se você quiser entrever como *suas partes continuaram evoluindo.*

***

Assim como todas, todos temos essas duas partes, assim como não há dia sem noite, nem princípio sem fim, parece-me que tampouco há mulheres sem homens, nem homens sem mulheres, mas que ambos sejamos duas metades que às vezes parecem opostas, da mesma totalidade. De qual? Dessa, da totalidade que formam e que talvez ainda não tenha nome ou ao menos não o adequado. Eu estou certa de que será nomeada quando for reconhecida.

Então, como é *ser* mulher, mas mulher realmente *completa*... ou incompleta? e, como é ser homem, mas homem realmente *completo*... ou incompleto?

Agora vou falar das mulheres que conheço e cada um pode aplicar estas reflexões aos homens e às mulheres de sua vida.

Minha mãe, que foi educada para ser a esposa de meu pai e a mãe de seus filhos, e que assim continuou sendo, acontecesse o que tivesse acontecido. Que nunca se rebelou. Que foi "uma santa", no dizer de muitos de seus conhecidos. Que tecia roupinhas para as bonecas de suas filhas e netas. Que teve sempre uma voz suave, às vezes próxima e muitas outras distante, porque esteve sempre um pouco deprimida. E que, ao morrer meu pai, se trancou em um quarto, de luto, durante um tempo que para mim pareceram anos. E que logo reviveu quando Carlos, meu irmão mais velho, voltou da Alemanha e colocou o anel de meu pai. Minha mãe, foi mulher completa... ou incompleta?

Eu creio que foi mulher completa. Aos trinta e quatro anos de idade e cinco de psicanálise, entendi que havia passado a vida tentando ser diferente dela e acreditando me rebelar contra o estabelecido em minha família, quando na realidade estava realizando o que minha mãe quisera fazer.

Ela me transmitiu, sem que percebêssemos, sua parte de Teresa e a gozava e a vivia através de mim quando, em minha ausência, alardeava com suas amigas o que eu fazia. Claro que, em minha presença, tinha que reprovar e tentar me convencer de ser uma mulher no estilo da minha família, uma família normal e decente. Estou convencida de que dentro dela havia a certeza de que, quanto mais me reprovava com palavras, mais me apoiava com o coração.

Foi uma mulher completa, ainda que nela Guadalupe e Teresa estivessem tão distantes que não conseguiam sequer tocar as mãos. Contudo, creio que as ajeitou muito bem para que seu cântaro nunca estivesse demasiado vazio.

Minha amiga Luisa, a que não queria deixar seus rancores, universitária, intelectual, casada com outro universitário, intelectual, um belo dia decidiu deixá-lo "porque era machão e não a deixava crescer". Ou ao menos acreditava que, enquanto continuasse casada, estava perdendo oportunidades de viajar pelo mundo e continuar estudando em outros países. Decidiu não ter filhos pelas mesmas razões.

Tentando viver sua vida, foi para Nova York. Militou dentro de um grupo feminista. Começou a ver machões por todos os lados. Seu cântaro foi se esvaziando. Morreu jovem, amargurada, só. Talvez tivesse podido encontrar dentro dela a satisfação que sempre andou buscando, mesmo que buscasse metas em vez de caminhos. Era dessas pessoas que andam pela vida dando tropeços e pisões sem ao menos olhar a quem, ou metendo o pé no primeiro que passa porque ela tropeçou.

Por que teria sido assim? Creio que ao longo de sua vida seu cântaro esteve bastante vazio e tinha o mal costume de andar tapando-o com a mão.

E foi Luisa, minha amiga, uma mulher completa... ou incompleta? Pareceria incompleta, mas acho que foi uma mulher completa. Sua parte de Guadalupe a assustava muito, às vezes talvez até a perseguisse, e por isso teve que sair fugindo para tão longe e lutar e lutar contra todos os Pedros que encontrava, que lhe recordavam a Guadalupe dentro dela.

Não encontrou caminhos com coração ou deixou que se perdessem os que tinham coração e morreu amargurada, cheia de rancores, sentindo que a vida não valia a pena, incapaz de desfrutar o que tinha. Em Luisa e em minha mãe o problema foi que Guadalupe e Teresa estavam incomunicáveis, cada uma vivendo sua própria vida.

A diferença foi que minha mãe soube manter seu *cântaro aberto, recebendo e oferecendo até o último momento* de sua vida. Acabava de voltar de Monterrey, de visitar Carmen, minha irmã, que nessa época morava lá. Ela foi com uma minha tia paterna que estava em uma situação econômica muito ruim a quem convidou, para levá-la a passear.

No dia seguinte de seu regresso, minha mãe sofreu um infarto, nós a internamos no Hospital de Cardiologia do Centro Médico onde ficou por uma semana. Durante esse tempo, de manhã até à noite, recebia visitas e jogava baralho com as amigas de toda a vida. Tinha, ao seu redor, muita gente que lhe queria bem. Eu ia visitá-la às sete da manhã, antes de ir trabalhar. Estava contente e otimista. Morreu internada, numa sexta-feira de tarde, de um infarto fulminante, aos sessenta e oito anos de idade.

Desde que Ana Ceci, minha neta, tinha um ano, contavam que já era uma coquete porque sorria e fazia graça para os homens que a carregavam (cá entre nós, eu via que fazia o mesmo com as mulheres que lhe davam os braços).

Ana Ceci dava sempre um jeito para que seu irmão, dois anos mais velho, lhe construísse torres para ela derrubar. Queria comer o que havia no prato dos adultos e cuspia o que lhe colocassem na boca sem que ela tivesse pedido. Disse que se parece comigo. Ana Ceci é mulher completa... ou incompleta?

Ana Ceci está integrando, desde que nasceu, sua parte de Guadalupe no viver cotidiano dentro de sua família que a aceita tal qual é, mais do que se aceitava nas crianças de gerações anteriores. Também está integrando sua parte de Teresa com a força com que defende o que quer, com seus desejos de ir, vir, fazer; com a firmeza com que responde "eu sou Ceci como minha mãe", quando a chamam somente de Ana.

Nesse sentido, eu creio que já é, desde essa idade, uma mulherzinha completa. Creio que para ela será mais fácil do que foi para minha mãe, para Luisa e para mim, que sua Guadalupe e sua Teresa se encontrem, se olhem, se conheçam, se reconheçam, aprendam uma com a outra e colaborem para que seja, viva e se saiba mulher realmente completa. Parece-me que será mais fácil, pelo momento que lhe toca viver e porque seus pais aceitam sua parte de Cecilia, brincam com ela e até incentivam um pouco, por exemplo, dando-lhe de comer apenas o que pede e na ordem do pedido.

Muitas vezes, tenho me perguntado: como pude ocultar a Guadalupe aos meus olhos por tanto tempo, às vezes em que a deixava sair sem me dar conta?

Talvez porque cresci em uma família dessas que, para "se sentirem completas", necessitam, por exemplo, de um filho brilhante, uma filha bonita, outro artista e ao menos uma ovelha negra com quem se preocupar.

Essas famílias têm moldes que estão já prontos para os filhos, desde antes de nascerem, para se assegurar de que tomem a forma adequada. E esses moldes se convertem em disfarces, cada um com um papel que determina o que cada um deve fazer, dizer e sentir a cada momento. Nessas famílias, faça a pessoa qualquer coisa, ela é interpretada em função de seu disfarce. Logo vêm os disfarces que nós nos pomos para encobrir esses. Em meu caso, como já vimos, foi o de super-mulher.

Quando eu nasci, estava a me esperar um molde muito especial: o de inteligente e rebelde. Luz Elena, minha irmã mais velha, tinha o de bonita e boa. Depois veio Carmen, a menor, delicada e enferma.

O fato de eu ser a inteligente implicava em que as outras duas não o eram. Uma vez que Luz Elena era a bonita, dava a entender que Carmen e eu éramos feias, ou, como dizia minha mãe, passáveis.

Você pensou alguma vez em qual foi o disfarce que sua família lhe pôs? Ao longo de sua vida, você tem acreditado que isso era você? Ainda há pouco comentei com você que, no primeiro livro de auto-hipnose escrito com Jorge Abia, dedicamos todo um capítulo para ajudar você a descobrir seus disfarces e retirá-los.[2]

Aqui, gostaria que trabalhássemos com os mecanismos que nos levaram a colá-los em nós com cola, a confundir o ideal com nossa realidade. Sabe quais são? São as fábulas que nos contaram.

Se eu ia bem na escola ou me expulsavam, se arranhava os joelhos, se dormia mal à noite e me levantava tarde, se gostava muito da comida, se gostava de dançar ou me negava a ir a uma festa, se tinha diarréia, tudo, tudo o que eu fizesse, deixasse de fazer ou me acontecesse, explicavam-me e repetiam que estava claríssimo que as coisas eram assim porque eu era rebelde ou porque eu era inteligente.

E me repetiam histórias que explicavam a origem da minha rebeldia: "Seu pai e eu – contava-me minha mãe - fizemos uma viagem a cavalo para ir ver o vulcão Paricutín que estava em erupção. Foi uma viagem muito difícil. Daí veio você. Como não iria sair assim!"

"Você era tão inquieta desde antes de nascer que esperneava e já queria sair antes do tempo, tive de ficar de cama por vários meses... tudo tinha que ser rápido a partir de então, e de acordo com o que você dizia" e completava "igualzinha a seu pai". Logo soube que minha mãe perdeu dois filhos antes de mim.

Afortunadamente, meu pai tinha fama de inteligente e creio que, por isso, se eu era "igualzinha a meu pai", tinha que ser inteligente. Ele também tinha fama de precipitado.

Quando estudei psicologia, tomei consciência de que, quando criança, tive todo tipo de problema de coordenação motora e visomotora: tropeçava, batia nos móveis, trombava na bicicleta, meus pés cruzavam ao patinar e caía; fraturei-me várias vezes. Quando isso acontecia, e era com freqüência, eu escutava: "É terrível, é terrível, não se pode com ela".

Minha mãe, meus avós, minhas tias, se davam por vencidos comigo, desistiram de me fazer ficar razoável. Esperavam, impotentes, o próximo desastre. Interpretavam minha quedas como desobediências e, pouco a pouco, foram deixando de me dar ordens. Muitas das normas da casa não eram para mim, uma rebelde com suficiente inteligência para sempre burlá-las. Diziam que eu sempre me amoldava a elas para quebrar um osso e, depois, quando aprendi a dirigir, para bater o carro.

Outra fábula que me contaram foi que eu nasci da reconciliação de meus pais. E foi uma fábula, porque eu tenho um meio irmão alguns meses mais velho que eu e uma meia irmã alguns meses mais nova. Contudo, acreditei nisso e acabei sendo terapeuta familiar.

Também contavam que, em minha família, em cada geração, havia uma mulher "louca". A primeira que tomei conhecimento foi minha tia Fila, irmã de minha avó materna. Nasceu no século passado e, nessa época, foi sozinha para a Europa estudar arqueologia, sem permissão de seus pais. Voltou, casou-se, decidiu que não queria ter filhos, pelo que a tacharam de egoísta. Divorciou-se e decidiu viajar e ser mecenas de muitos escritores mexicanos da primeira metade deste século. Eu a admiro e gostei muito dela.

A louca da geração seguinte foi minha tia Toya. Sua loucura consistia em não pensar mais que em roupas e sapatos e sair com muitos pretendentes sem assentar a cabeça até quase os quarenta anos. Nessa idade, afortunadamente, ficou razoável e foi para o convento onde viveu dedicada a Deus até o ano passado, quando morreu em San Luis Potosi. Durante sua vida religiosa, ocupou postos muito importantes em sua Congregação: entre outros, foi superiora de várias casas e provincial.

A tia Fila e a tia Toya eram mulheres muito inteligentes. A quem crêem que cabia ser a louca na minha geração? Certamente a mim.

Já lhe contei, amiga leitora, amigo leitor, as fábulas que me fizeram confundir a minha pele com os disfarces que me puseram, e representar papéis, em vez de viver do meu jeito. Convido você agora a descobrir os seus, para ficar com o que você queira e se servir deles e se livrar de sua fatalidade.

Eu descubro as fábulas que me contaram sobre mim e as digiro

EXERCÍCIO 21

A - Recordo as fábulas que até agora têm explicado como sou

Traga papel e lápis e, depois, dê um tempo para se acomodar aí onde está. E recorde e anote, ainda que seja de forma resumida, quais as fábulas que lhe contaram sobre você.

Sinta sua respiração e perceba se comentavam que você era igualzinha, ou igualzinho o tio tal, à avó sua xará, etc., que tinham as características que atribuíam a você.

Qual era a explicação que repetidamente davam a qualquer coisa que você fazia, ainda que se esforçasse em demonstrar que não era assim? Contavam histórias sobre o que aconteceu quando você ia nascer, sobre seu parto ou sua concepção, como a história do Paricutín entrando em erupção? Que gracejos fazem em sua família sobre você?

É importante lembrar também o que se dizia sobre suas irmãs e irmãos, porque isso pode lhe dar pistas sobre o que você não era.

Quando sentir que já terminou de revisar suas fábulas, faça uma síntese. Busque uma ou duas palavras que abarquem tudo o que você escreveu.

B - Descubro as fábulas dentro de minha cabeça

Você já escutou a expressão: "entra-lhe por uma orelha e sai pela outra"? Pois essas fábulas já lhe entraram por uma orelha, ou pelas duas; estão dentro de você. Precisamos, *agora, digeri-las, saudavelmente, confortavelmente,* para que *você guarde dentro* de você *o que lhe fizer bem* e *deixe sair,* pela outra orelha, *o que lá dentro atrapalha* o seu bem-estar saudável.

Lembre-se de que tudo isto ocorre *automaticamente,* sem que você faça nada, e, como diria Jorge Abia, *sem que você possa evitá-lo.* Ocorre automaticamente, *facilmente, a cada respiração, sempre saudavelmente.*

Assim que você fechar os olhos, sinta sua respiração e observe de que forma *aparece* a imagem, a sensação ou a idéia dessas fábulas dando voltas dentro de sua cabeça, talvez atadas, talvez ainda fortes, quem sabe desgastadas, pode ser ainda que apareçam *protegidamente* em forma de lembranças.

O que primeiro *aparece é isso,* por ilógico, estranho ou absurdo que lhe pareça. *Fique,* por um momento, observando-as, conhecendo-as, *reconhecendo-as, aprendendo com elas,* e depois passe ao ponto seguinte.

C - Digiro as fábulas dentro da minha cabeça

Sinta *sua respiração* e observe como, sem que você faça nada, já está *digerindo, confortavelmente, saudavelmente,* essas fábulas com todas as suas implicações, com as emoções e as sensações físicas que até agora as tem acompanhado.

E ao ir *digerindo-as* com sua respiração, *automaticamente*, vá guardando, dentro de você, o que lhe serve e lhe faz bem, e vá jogando fora, pela outra orelha, o que lá dentro atrapalha o seu bem-estar saudável.

Você já se deu conta de que forma isto *está acontecendo saudavelmente, automaticamente?* Você está *aprendendo a digerir, automaticamente*, as *fábulas* que lhe entram por uma orelha e a retirar, protegidamente, pela outra, as partes delas que, se ficassem lá dentro, causariam dano ao seu bem-estar saudável. E tudo isto ocorre *confortavelmente, saudavelmente, automaticamente, a cada respiração*, de hoje em diante e *para sempre*.

Fique, por um momento, observando como isto acontece e, com a tranqüilidade de que este processo continua, continua e continua automaticamente, quando você quiser, faça uma respiração profunda e abra os olhos.

Voltando às minhas reflexões, o disfarce que me coube, pelas histórias que me contaram, tendia a mostrar mais a Teresa e a ocultar a Guadalupe. E enquanto isso crescia acreditando-me apenas Teresa, vivendo como inteligente e rebelde; sem me dar conta, Guadalupe crescia dentro, com inteira liberdade, integrada a todos os valores, os padrões de conduta, as atitudes e as reações das mulheres de minha família, mulheres tradicionais mexicanas. Meu disfarce de inteligente e rebelde permitiu a Guadalupe crescer sem a censura de Teresa porque a mantinha bem escondida.

Quero esclarecer que isto não é pejorativo. Guadalupe e Pedro *são* simplesmente a matéria prima, o que somos pelo fato de nascer e crescer em uma determinada família, em uma sociedade, em uma cultura, em uma época. Guadalupe e Pedro são carências e travas que *nos mobilizam* a fazer *crescer* Teresa e Roberto, *a força,* o desejo de ser diferente, *os sonhos.*

Nesse sentido, sem Guadalupe e Pedro, Teresa e Roberto não poderiam aparecer. Guadalupe e Pedro são o barro com o qual *se constrói o cântaro.* Teresa e Roberto, a forma e o tamanho que lhe damos. Guadalupe e Pedro são a terra onde *podem germinar as sementes.* Teresa e Roberto, *a árvore* que *surge* daí.

Existem muitas Teresas e muitos Robertos que permanecem em sonhos, flutuando, nunca chegam a tocar a terra. Há outras, outros que mesmo que sejam percebidos de fora, não têm nada mais além da superfície e são frágeis ilusões. Umas quantas, uns poucos, chegam a firmar raízes na terra, a sustentar-se e alimentar-se dela, transformando-a.

Quão enraizada está a sua árvore nessa terra? Convido você para trabalharmos um pouco com ela.

Eu aprendo a criar raízes em terra firme e a crescer

EXERCÍCIO 22

A - Reconheço minha terra

Com os olhos fechados, aí onde você está, dê uma olhada nessa terra que é você e que, talvez, você esteja olhando de frente, sentindo ou imaginando pela primeira vez. Observe como é, em que condições se encontra?

Lembre-se de que pode aparecer como uma imagem visual, uma lembrança, uma idéia, uma sensação física, de qualquer forma, mas o que primeiro aparecer é isso mesmo, por mais estranho ou ilógico que lhe pareça.

B - Renovo e fertilizo minha terra com minha respiração

Sinta *sua respiração* e observe, sem que você faça nada, como o ar passa através de seu nariz, de sua boca, ou de ambos, *chega até essa terra* e a deixa igual, mas *saudavelmente renovando-a, fofando-a, arejando-a.*

Você está *aprendendo* a renovar e *a fertilizar* sua terra *automaticamente, saudavelmente,* a cada respiração, durante o dia, durante a noite, continuamente e sem parar, de agora em diante, por todo o tempo que for necessário.

E você se dá conta de como *sua terra está sendo preparada, renovada, fertilizada,* porque aparece uma sensação agradável em seu corpo que antes não existia, ou uma que já existia se faz mais presente.

C - Reconheço minha árvore ou minhas sementes

Agora que *sua terra já está preparada,* observe como está sua árvore neste momento: que tipo de árvore é?, quanto já cresceu? quão frondosa e sadia está?, encontra-se ainda em forma de semente?

Lembre-se de que o que primeiro apareça é isso mesmo, pode aparecer como árvore, como semente, ou representado de outra maneira, inclusive como uma sensação física, uma cor, um sabor ou uma idéia. Mas você se dá conta de que isso que *apareceu é a sua árvore* e em que estado se encontra.

D - Minha respiração ajuda minha árvore e minha terra a se enlaçar saudavelmente

Sinta *sua respiração* e note de que forma, sem que você faça nada, sua respiração *está comunicando protegidamente, saudavelmente, automaticamente, sua terra com sua árvore,* e ao fazê-lo, as duas estão *aprendendo a se aproximar saudavelmente.*

Sua árvore enraizando em sua terra, *aprendendo* a se sustentar nela, a se alimentar dela, *aprendendo* também a protegê-la da erosão, a lhe dar sombra e lhe permitir manter sua umidade, sua consistência, sua textura. *Sua árvore e sua terra, aprendendo a se aproximar, a se comunicar, a se complementar, dando-se vida e bem-estar saudável, uma à outra, e, as duas, à pessoa completa* que é você mesma, você mesmo.

Observe de que forma aparece uma sensação agradável que é o sinal de que *este processo já se iniciou e prossegue, protegidamente, saudavelmente, automaticamente.* Quando aparecer, faça uma respiração profunda e abra os olhos.

Se quiser ficar aí mais um pouco, ou então adormecer, você pode fazê-lo, enquanto *sua respiração e sua mente inconsciente prosseguem trabalhando* para você, sempre *protegidamente,* a cada respiração.

***

Voltando a mim, não sei se o que lhes vou dizer é uma história que me conto ou é uma realidade. De fato não importa, porque *sempre nos contamos histórias* e acreditamos nelas, e, se perguntarmos a várias pessoas sobre uma mesma situação, o mais provável é que tenham versões diferentes.

Sempre tenho repetido a mim mesma que aprendi a me relacionar com os homens de uma maneira diferente de como as outras mulheres costumam se relacionar com eles.

Será porque os atributos do meu disfarce, ao menos em minha família, eram mais "masculinos" do que "femininos"?

Será porque só tive primos homens de minha idade e, no primário, não fui a uma escola de meninas?

Será porque meus irmãos maiores foram sempre muito próximos? Carlos, mais velho que eu onze anos, me contava historinhas antes de dormir. Também me levava a passear em sua bicicleta. Íamos caminhando à matinê do cine Cosmos, e, quando me cansava, ele ou Lalo me carregavam. Lalo, o segundo, mais velho que eu nove anos e médico, é o irmão que mais tem mostrado interesse por meu trabalho profissional.

Será por eu haver sido a preferida de meu pai que, como já lhes contei, chegou a me dizer que eu era como um filho para ele?

Ou será porque, se Luz Elena era a bonita, eu não aspirava a conquistar os homens e isso me deixava em uma posição mais livre e diferente diante deles?

E se eu era a inteligente, aborrecia-me com as "garotas bobas". Se era a rebelde e até a louca, podia fazer "coisas de homens", como por exemplo, ir à caça com meu pai e dividir experiências mais com os amigos que com as amigas.

Será que por eu ter vivido tão próxima de minhas irmãs e amigas, Guadalupe maltratou - dentro do meu ponto de vista - a seus pretendentes, que dariam tão certo para mim?

Eu percebia, rapidamente, "a manipulação" que as mulheres de minha idade faziam com meus amigos. Agora entendo que era um jogo duplo, em que participavam elas e eles. Elas, fazendo-se de difíceis, tornavam mais atraente e interessante a conquista para eles que, diante do desafio, insistiam mais e mais. Em cada jogada, havia algo de interesse e algo de frustração para cada uma das partes.

Agora entendo também que era a forma aceita de se relacionar naqueles tempos em que havia tantas proibições para a aproximação física que tornava difícil e até temida a intimidade.

Tantas proibições nos levavam a crer que só havia um caminho para se ser mulher, ou ao menos mulher decente, e se você fracassava nele, estava perdida. Eu não sei quais eram as frases que repetiam aos homens. Para as mulheres há trinta e cinco anos diziam: "faz com que te desejem", "os homens só buscam isso e, tão logo o têm, se vão", "não tem de provar o bolo antes do tempo". Como se o bolo se acabasse e, também, como se os homens fossem os inimigos.

Neguei-me a seguir esse caminho. Lancei-me a buscar outros. Para mim os homens eram meus amigos e tomava suas dores pelo que, segundo minha visão, as mulheres lhes faziam. Ainda não conseguia entender o jogo completo e, se se tratava de tomar partido, tomava o deles.

Lembro-me de um dia em que minha amiga Alicia não queria sair com Julio e inventou que estava doente. Eu me inteirei disso porque havia ido a sua casa para estudar para um exame. Julio chegou para visitá-la com um ramo de flores no momento em que ela saía com outro amigo para o cinema. Encontraram-se na porta. Eu fiquei indignada e essa tarde fui tomar um café com ele, cuidando que ele não se sentisse mal.

Apesar disso, Julio continuava insistindo. Ajeitou para que a empregada que trabalhava em minha casa convidasse a minha família, Alicia e ele para a festa do povo dela. Era outra oportunidade para estar com ela. Chegou o dia da festa e Alicia não foi. Fomos eu, minha mãe e ele.

E Luz Elena, minha irmã, não ficava atrás. Tinha um amigo ao qual pedia que a acompanhasse às festas toda vez que se encontrava em um intervalo entre um namorado e outro. Essa situações me incomodavam muitíssimo, sem entender que uns e outros reagiam de acordo com o que haviam aprendido.

Uma noite, estava jogando cartas com minha mãe e me divertindo muito. As horas se passaram sem nos darmos conta, até que chegou Carlos, meu irmão, lá pelas duas da madrugada. Quando entrou no quarto minha mãe lhe disse: "Eu estava muito angustiada, pensando que lhe havia acontecido algo, sem poder dormir..." Ao ver como ia mudando a expressão de Carlos, que havia chegado alegre, fiquei com muita raiva. Chamei-o à parte e lhe disse: "Não acredite em nada disso. Estávamos contentes jogando baralho até agora, sem nos preocupamos com a hora. Ela nem percebeu que você não havia chegado".

Nesse tempo não entendia que minha mãe levava ao pé da letra o papel de "boa mãe" que lhe impuseram e que diz: as boas mães sofrem, sacrificam-se por seus filhos, devem se preocupar com eles quando chegam tarde à noite, não podem dormir até que cheguem, angustiam-se se não sabem onde estão... filhos pequenos, pequenos problemas; filhos grandes, grandes problemas. E, se não sentem e atuam desse jeito, são mães ruins. Minha mãe vestia esse disfarce desde o dia em que engravidou pela primeira vez e assim acreditava que era.

Eu não entendia minha mãe, nem minhas irmãs, nem minhas amigas. Serem manipuladoras e mentirosas não era problema para elas e, certamente eu me acreditava e queria ser diferente. Guadalupe estava totalmente oculta a meus olhos. Meus amigos desse tempo a enxergavam, mas creio que apenas as suas partes lindas, talvez devido à solidariedade que tinha com eles. Eu os acompanhava, os escutava, cozinhava-lhes pratos especiais, aquilo que cada um gostava; cosia-lhes os botões. Quando saíamos juntos, ia feliz para onde quisessem. Gostávamos porque fazíamo-nos companhia um ao outro. Enchíamos e tornávamos a encher nossos cântaros. E me vestia e me arrumava como achava que eles gostariam de me ver, para que se sentissem à vontade e satisfeitos comigo.

Nunca me ocorreu que eles poderiam vir a gostar de mim. A bonita era Luz Elena. Apenas queria que se sentissem bem quando saíam comigo. Eu gostava de ir a festas com eles e dançar. Gosto muito de dançar. Não os via como possíveis galãs, nem me passava pela cabeça ligá-los a mim. Para mim, sinceramente, eram meus amigos, com quem passava muitos momentos bons. E nunca os manipulei de propósito. Não duvido que tenha feito isso inconscientemente porque tive muito boa escola, tal qual todas as mulheres mexicanas, e porque isso é que eu não conhecia a outra parte de Guadalupe.

Agora me dou conta de que às vezes manipulo e trato de não fazê-lo. Trato de não ferir ninguém, mesmo que, talvez, o faça sem querer.

Este modelo de relação com os homens tem me trazido muitos problemas na relação com as mulheres.

Enquanto várias amigas passavam fins de semana fechadas e incomodadas porque ninguém as havia convidado para sair, eu ia ao cinema com quatro amigos. Às vezes, um desses quatro era o pretendido de alguma garota que, por essa razão, começava a me odiar. Nem as mulheres de minha idade nem as mais velhas acreditavam que eu não tinha com eles mais do que uma relação de amizade. Havia, além disso, uma certa queixa porque eu os preferia em vez delas. Eu preferia mesmo passar a tarde consolando a um amigo "magoado" por uma garota do que ir escutar o que eu chamava de suas "estupidezes e intrigas".

Agora, aos cinqüenta e dois anos, estou *aprendendo a compreender* as mulheres e me colocar em seu lugar. Pude entender que meus amigos tão queridos também agem contra suas mulheres, às vezes sem que elas tenham dado motivo abertamente. Tem sido um processo longo e difícil de *aceitar de lá de dentro* o que, pela teoria, sei há muito tempo: *o que acontece em uma relação tem a ver,* de algum modo, *com as duas partes.*

Aprendi e creio que, na maioria dos casos, as pessoas não agem como agem por maldade ou por má intenção. Nem sequer agem como querem, e sim como aprenderam e como podem.

Aprendi a observar os demais e a ter Fé naqueles com quem quero compartilhar minha vida e naqueles que sinto, dentro de mim, que são honestos, ainda que tenham muitos defeitos. E mantenho, voluntariamente, esta Fé, desde que não ponha em risco a minha segurança nem minha integridade, nem a dos que me rodeiam.

Não posso ter essa Fé cega que me proponho, por exemplo, em alguém que bebe e se torna violento e continua bebendo sem fazer nada de efetivo para remediar tal situação. Posso entendê-lo com todas as suas limitações e me colocar a uma distância protegida, sem lhe permitir que me desarmonize a vida. Jorge Abia diz que **podemos ser solidários com muita gente, mas incondicionais apenas com nós mesmos.**

Enfim, aprendi que, a maior parte do tempo, *as pessoas* não *agem* contra mim, mas *porque assim são,* porque trazem muitos enganos em si mesmas, os quais não impedem *que eu me pergunte se fiz algo que disparou essa reação* e que eu possa mudar.

Para entender os outros, colocar-me em seu lugar *e aprender* o que se pode aprender *com suas reações,* tenho me servido muito do seguinte exercício.

Eu aprendo com as reações dos outros, compreendendo-os

EXERCÍCIO 23

O momento ideal para se fazer este exercício é à noite, justo antes de dormir, *já tranqüila, tranqüilo* em sua cama, depois de um dia comum e corrido. No caso remoto de que, durante o dia ou em dias passados recentes, você tenha vivido uma situação especialmente difícil e dolorosa, é melhor deixá-lo para depois e trabalhar *primeiro* isso, de preferência com a ajuda de um psicoterapeuta, para *digeri-lo.*

Vamos recuperar os tons rosas do dia e largar o negrume imposto pela cultura do sofrimento, da mesma maneira como aprendeu a fazê-lo nos exercícios 10, Eu aprendo com o lado cinza da vida, e 11, Eu aprendo a ver o rosa do cinza, deste livro. Se você não os fez, é importante praticá-los antes deste.

A - Repasso o que aconteceu no dia

Com seus olhos fechados, *confortavelmente,* deixe que *sua respiração faça aparecer* à distância, *protegidamente,* como em um filme, o que aconteceu *durante o dia.* Pode ser que apareçam situações concretas que machucaram você e com as quais você tem que aprender; pode ser que apareça o filme completo. Talvez em imagens, talvez em lembranças, em sensações ou idéias. O que acontecer está bem. Fique um momento observando-o de fora e sentindo sua respiração.

B - Descubro os tons rosas

E note como, sem que você faça nada, *sua respiração está descobrindo e fazendo vir até você, automaticamente,* todos *os rosas* dos momentos agradáveis *do dia, preenchendo você* de rosa, *saudavelmente,* e você está *desfrutando protegidamente.*

E, preenchida, preenchido com este rosa, desfrutando, sinta sua respiração e observe, com curiosidade, como a sua respiração vai descobrindo e lhe mostrando as partes rosas dos momentos cinzas do dia. Sua respiração as vai descobrindo e levando até você, *automaticamente, saudavelmente.*

E você se dá conta de que o rosa dos cinzas momentos *já está em você* e que, *automaticamente, saudavelmente, você está aprendendo com os momentos cinzas* o que tem de aprender, porque aparece uma sensação agradável que antes não havia, ou porque uma sensação que você já estava desfrutando se faz mais clara ou prazerosa.

C - Retiro o negrume que está a mais

E, agora, você pode se dar conta de como este dia que você está repassando teve *partes rosas, que você já encontrou, partes cinzas* com as quais *já aprendeu,* e este dia teve outras mais que, até agora, haviam estado ocultas pela cultura do sofrimento e suas ameaças. Sinta sua respiração e observe como, a cada vez que o ar passa através de seu nariz, de sua boca, ou de ambos, em um sentido, em outro, *sua respiração* está *fazendo saudavelmente* o que tem de ser feito com esse negrume.

Talvez *apagando-o,* talvez *dissolvendo-o,* talvez separando-o, *protegidamente,* com muito cuidado, para voltar com ele por um momento se for necessário. Talvez *digerindo-o, saudavelmente, protegidamente,* a cada respiração.

E note como aparece em seu corpo uma sensação agradável que é o sinal de que *esse negrume* social, cultural, *já se foi* e já está acontecendo o que tem de acontecer com ele, *saudavelmente.*

D - Ponho-me no lugar dos personagens

Agora, observe como *você está percebendo* o que aconteceu durante *esse dia, de uma maneira diferente.* Você pode, se quiser, colocar-se *no lugar dos* diferentes *personagens, compreendendo-os,* sem justificá-los, mas sim compreendendo-os, e depois voltar a vê-los de fora, *percebendo que* eles *agem como agem, porque são como são,* por sua história. E você se dá conta se você poderia ter feito algo diferente e saudável em tal ocasião. Você está *aprendendo* com a experiência *e desfrutando.*

E - Ponho-me em meu lugar

Enquanto *você está confortavelmente, protegidamente, observando e aprendendo* com o dia de hoje, observe como nesse filme, nessa lembrança ou em sua imaginação ou em suas idéias, sua respiração aproxima você ou afasta você de cada personagem, de cada situação, e note a que distância você se sente bem.

Sua respiração está *ajeitando* aí *o que precisa* ser ajeitado, *e se encarrega de que tudo saia* bem, *protegidamente, saudavelmente bem.*

Você está *aprendendo a se aproximar saudavelmente, protegidamente, daquilo que lhe faz bem, e a se afastar automaticamente,* das situações *de perigo* ou que poderiam ferir você se ficasse por perto. *E este aprendizado* já é parte de você e *surge, saudavelmente, automaticamente,* cada vez que for necessário.

Quando você sentir em seu corpo uma sensação agradável, que é o sinal de que todos estes aprendizados já são parte sua e estão dentro de você, se você quiser, faça uma respiração profunda e abra os olhos. Se você desejar, pode adormecer e deixar que *os mecanismos com que se constróem os sonhos continuem trabalhando para você, saudavelmente,* enquanto você dorme e descansa.

No processo de ir-me aproximando das mulheres, tiveram um papel muito importante, primeiro, minhas colegas de Antropologia, com as quais tive a oportunidade de conviver, mostrando-nos tal qual éramos, nas práticas de campo.

Depois, já no Mestrado de psicologia clínica na Universidade, pude fazer uma amizade íntima com a Dra. Bertha Blum, minha mestra e supervisora, que me convidou para trabalhar com ela no Serviço de Nefrologia do Hospital Infantil do México “Federico Gómez”. Foram passos que fui dando, aproximando-me das mulheres, *aprendendo* a vê-las num plano de igualdade e como amigas.

Provavelmente, onde dei mais passos foi com Diana, Marta e Rosemary, três companheiras da especialização em Terapia Familiar. Durante o tempo em que estivemos estudando, integramos uma equipe de supervisão e depois continuamos a trabalhar juntas e nos associamos para formar o Centro Mexicano de Investigação e Clínica (CEMIC).

Separei-me delas para me dedicar por inteiro à hipnose, quando me associei a Jorge Abia, para formar o Instituto Milton H. Erickson da Cidade do México, que desde o princípio me requereu tempo integral.

Fui me distanciando na vida cotidiana. Dentro de mim, continuam tendo um lugar muito importante, porque, nesse tempo, me fizeram companhia na vida outras partes de Guadalupe, algumas das quais antes criticava mais: irmos juntas para comprar roupas, emprestarmos roupas umas para as outras, pintarmos e maquiarmos umas às outras, enquanto discutíamos algum projeto de investigação.

Todas nós enchemos e enchemos nossos cântaros umas com as outras. *Caminhamos* juntas *por caminhos com coração. Convidaram-me a vislumbrar outros* a que eu não me havia atrevido. Nossas Teresas cresceram muito e suas Guadalupes ensinaram à minha como ser brincalhona, a não se levar tão a sério, nem se deixar criticar por Teresa arbitrariamente. Foi com elas que comecei a poder ver pedacinhos de Guadalupe, que me agradavam e me pareciam divertidos.

E então voltei a me perguntar: Como é ser mulher, mas mulher realmente completa? A pergunta continua dando voltas e mais voltas na cabeça, não obstante ter conversado horas e horas com meus amigos de adolescência, que continuam sendo meus amigos trinta anos depois.

Temos conversado sobre esses tempos, sobre mim, sobre eles, sobre nossa relação. Alguns me têm confessado que gostavam de mim. Juntos temos visto as fotos de Luz Elena, que morreu há trinta e cinco anos, e as minhas, e tenho podido me dar conta que nem ela era tão bonita e nem eu estava tão mal.

Minha mãe, minhas tias, diziam-me: "Cubra essas perninhas tão vulgares", e, a partir do momento em que eu fiz quatorze anos insistiram em que eu usasse cinta, o que nunca aceitei. E agora, já avó e divorciada, vim a aprender que o que em minha casa chamavam de "vulgar", os homens chamam de "gostosa". E entendendo o que dizia o irmão de uma amiga, Cintia, cada vez que ela começava a fazer dieta: "Não emagreça demais, porque senão não vai ter nada para alguém agarrar".

Todos os meus amigos, os velhos e os novos, concordam em que eu era e continuo sendo coquete. Concordam também que, quase nunca, dou margem para que a relação vá além da amizade. José Agustín, com quem ando e converso aos domingos de manhã, explicou-me um dia: "Nós, homens, precisamos que a mulher nos dê um sinal de que somos aceitos, para nos atrevermos a nos aproximar nesse plano e você não dá esse tipo de sinal, eu nunca vi você o dando". Conheço José Agustín há vinte e sete anos.

Um outro amigo disse que o que acontece é que meus sinais são muito sutis, e que sei muito bem "pôr o sinal de pare". Eu, sinceramente, não me dou conta nem de uma coisa nem de outra. Tem mais, nunca me havia inteirado do dito sinal.

O que sei mesmo é que, desde que tenho memória, parece-me que uma grande parte das pessoas que conheço pode ser dividida em dois grupos: mulheres que correm atrás de homens para agarrá-los ou tentam mantê-los agarrados, e homens que saem correndo, ou que estão tentando se safar.

E esta perseguição se origina também em aprendizados culturais. Ensinam a nós, mulheres, que, para ficarmos seguras e bem na vida, temos que ter um homem junto, ainda que não trabalhe e não preste para nada, ainda que nos maltrate ou que não combinemos com ele. Minha mãe e minhas tias diriam: "Seja como for, um homem em casa impõe respeito".

A situação está mudando, cada vez há mais mulheres e alguns homens que decidem viver suas vidas sozinhos, sem companhia formal, e os casais homossexuais começam a se mostrar em público mais abertamente.

Enfim, se você se encontra em um desses dois grupos, proponho a você fazer o seguinte exercício.

Eu aprendo a me relacionar com os homens, com as mulheres, de uma maneira diferente

EXERCÍCIO 24

A - Penso qual tem sido minha forma de relação até agora

Dê-se um primeiro momento para se pôr *confortável* e, depois, com os olhos fechados, *reflita* um pouco sobre qual tem sido até agora sua relação com os homens, com as mulheres, com os possíveis parceiros, parceiras.

Pense *sobre o que você tem feito até agora,* e como têm reagido eles, elas e você. *Lembre-se* de momentos e situações concretas onde as coisas saíram de uma maneira diferente do que você queria.

B - Descubro como é esta forma

Sinta *sua respiração,* sinta como o ar passa através do nariz, da boca ou de ambos, em um sentido, em outro, *automaticamente, saudavelmente,* e observe como, sem que você faça nada, sua respiração *está misturando,* revolvendo, integrando, suas *idéias* e suas *lembranças,* e como dessa mistura *aparece* uma imagem que representa e é a forma com que você representa dentro de você *a relação* que até agora você tem tido com os homens, com as mulheres, e *que você quer mudar.*

Lembre-se de que o que *primeiro aparecer,* é isso mesmo, por ilógico, estranho ou absurdo que lhe pareça. Pode ser inclusive uma escuridão, um vazio, um nada, uma sensação física, uma palavra, uma idéia que cruza sua mente, qualquer coisa. Já se deu conta do que foi que *apareceu?*

C - Construo novas e diferentes formas de me relacionar

Sinta *sua respiração* e observe de que forma o ar que entra por seu nariz, por sua boca, ou por ambos, *está digerindo, saudavelmente, protegidamente, essas velhas formas* de você se relacionar com os homens, com as mulheres. E ao ir digerindo-as, guarde *dentro de você o que serve, saudavelmente,* e *vá pondo para fora o que de dentro atrapalha o seu bem-estar* saudável. E ao ir digerindo-as, *as dificuldades se vão transformando em facilidades,* em formas novas, diferentes, *saudáveis, de você se relacionar* com os homens, com as mulheres, com os possíveis parceiros, parceiras, *saudavelmente, protegidamente.*

E você se dá conta de que *isso já aconteceu* porque a imagem ou a sensação que você estava percebendo *mudou* e/ou porque aparece uma sensação agradável em seu corpo.

D - Treino essas novas formas de relação

Agora imagine um futuro próximo, talvez bem próximo, ou amanhã de manhã, ou o fim de semana, onde você *já está se relacionando com os outros* de uma maneira diferente, *mais saudável.*

Observe como você se sente e deixe que *sua respiração ajuste* aí qualquer coisa que se tenha que ajustar *para que tudo funcione bem, saudavelmente,* e você se sinta bem, como quer se sentir nessa relação.

Você está *aprendendo a construir, automaticamente, formas novas,* diferentes, *saudáveis,* as que forem necessárias, e você está *desfrutando isso.* Quando sentir que você já treinou o suficiente, faça uma respiração profunda e abra seus olhos.

Eu não procuro amarrar ninguém e muito menos mantê-lo comigo à força. Tampouco quero que me atem. Fiquei casada com Pedro Roberto durante os quatro anos de desencontros, porque acreditei que as coisas poderiam voltar a se acomodar, porque eu gostava muito dele e porque havia uma grande quantidade de interesses e valores em comum, além dos filhos. E fui absolutamente fiel a ele durante vinte e um anos. Nem me ocorreu que poderia ser de outra forma, e é provável que o fato de não saber dar sinais tenha ajudado. Quando Roberto me disse: "Eu não consigo vê-la mais como mulher", respondi-lhe em seguida: "Então vamos nos separar, porque a relação que eu quero com você é como homem". E assim foi. A partir daí, dediquei-me a preparar minhas coisas para sair da casa que Pedro sentia que era dele e eu continuo sentindo que é dos dois. E me mudei para meu apartamento, no primeiro dia do ano.

Creio que nunca procurei perseguir ninguém, não busco, não abro portas, não aprendi a dar sinais. Como pude então ter uma relação amorosa com Juan Daniel, meu noivo de adolescência, e depois com Roberto, com quem me casei?

Primeiro, pensei que talvez tenha lhes dado algum sinal sem saber. Depois me ocorreu que a porta se abriu porque juntos lutávamos por algo. Juan Daniel e eu queríamos ser diferentes de nossas famílias, separarmo-nos delas, tornarmo-nos independentes. Com Roberto havia grandes projetos para ajudar os tarahumaras, o mundo, as pessoas. Mas, no fundo, não foi a luta. Intuo que foi algo diferente.

Será que o sinal deixa de ser necessário quando se compartilham projetos e interesses? Será o tal sinal uma troca de códigos inconscientes, ou será que o momento propicia uma abertura e pronto?

Conheci Juan Daniel fazendo teatro. E quando uma pessoa representa um papel, paradoxalmente, em vez de se esconder atrás dele, mostra-se. Quando se está atuando um papel, com a tranqüilidade de que estamos mostrando o personagem e não a nós, damo-nos permissão de mostrar nossas emoções e tudo o que somos. Os personagens, como as pessoas, igual à mulher tarahumara e eu, *são muito diferentes na aparência, mas na realidade muito iguais por dentro.* Fazendo teatro juntos, Juan Daniel e eu nos abrimos, nos mostramos, nos amamos e não houve necessidade de sinal.

Com Roberto aconteceu algo parecido. Nós nos conhecíamos desde há muito tempo na Universidade. Participávamos de um grupo que se reunia, primeiro, para estudar e discutir filosofia e, depois, para outras coisas mais. Também fazíamos parte da mesma organização universitária que tratava de que as teses e as práticas dos estudantes fossem úteis às comunidades indígenas e campesinas.

Naquele mês de maio, eu estava encarregada de fazer um censo e dar aulas de cooperativismo em Wapalaina, um lugarejo tarahumar situado no fundo da Barranca do Cobre, junto ao rio Urique.

Roberto estava indo ao povoado de Chinatu, na serra, distante oito dias a cavalo de Wapalaina. Sua tese de

Engenharia era a proposta de uma fábrica de caixas que seria dirigida por uma cooperativa de tarahumaras. Ofereceu-se para me encontrar em Wapalaina e me dar uma mão.

Não lhe fiz nenhum sinal de que me recorde, mas penso que se aproximou por iniciativa própria, por razões de colaboração no trabalho. E chegou ao povoado onde eu estava, não a cavalo, mas de teco-teco. Chegou e me ajudou.

A convivência com os nativos durante o dia era muito intensa. Mas a chave foram as noites mágicas de Wapalaina, sentados sobre uma enorme rocha junto ao rio, sob um céu maravilhoso, às vezes com lua, às vezes repleto de estrelas. Noites mágicas que nos convidavam a escutar seu silêncio, a vivê-las sentindo-nos juntos, que abriam nossas portas e nos iam levando, pouco a pouco, sem temores, a falar de nós, a nos mostrarmos um ao outro.

Assim foi com Juan Daniel e com Roberto. Ocorreram esses momentos especiais que abriram nossas portas, que nos permitiram mostrar nossas emoções e nos mostrarmos, percebermo-nos. Certamente creio que não é indispensável uma situação tão singular. Sem necessidade de fazer teatro, sem noites estreladas de Wapalaina junto ao rio, homens e mulheres têm se encontrado em todos os povoados e em todas as épocas.

É certo que, em alguns casos, os pares se formam com papéis e disfarces que combinam mais do que sentem e necessitam as pessoas que os trazem postos.

Lembram de minha amiga Alicia que deixou Julio plantado e o encontrou na porta quando ela saía com outro amigo para o cinema e ele lhe trazia um ramo de flores?

Pois se casaram, depois de muitos outros incidentes. Parece que Julio nunca registrou, conscientemente, as recusas e as agressões de Alicia. Seu papel lhe dizia que ela era a mulher ideal, sua princesa, e que ele tinha que conquistá-la e conseguir o que queria. Então tudo seria maravilhoso.

Têm vivido trinta anos casados e ele continua sem consegui-lo. Alicia se casou com ele porque era um rapaz decente, de boa família, com uma carreira, que gostava dela e era o candidato de sua mãe. Durante estes trinta anos, tem agüentado as reclamações e agressões de Julio, por seus velhos ressentimentos e porque ela não é a mulher que ele queria que fosse.

E creio que assim vão continuar pelos próximos trinta anos, porque a nenhum dos dois ocorre que possam fazer algo diferente. Continuam agindo pelos papéis, sob seus disfarces.

Você, leitora, você, leitor, pergunte-se ao menos se está vivendo da forma que quer viver ou se vive confundindo o ideal com sua realidade, repassando papéis de velhos disfarces.

Se você não está contente e sente que o caminho de sua vida de casal não tem coração, convido você a repassar os exercícios: 10. Eu descubro se meus caminhos têm coração e 11. Eu aprendo a ver os caminhos dos outros e a experimentá-los.

Existem casos afortunados em que surgem circunstâncias que permitem que cada um olhe o outro e o descubra por baixo do disfarce, no meio da confusão. Parece-me que existem muito poucas pessoas que caminham pela vida mostrando-se tal qual são, em vez de ocultas por disfarces.

A forma mais prática de se ver o outro é vê-lo através dos olhos. Os poetas nos têm dito de mil e uma maneiras que "os olhos são o espelho da alma" e que mostram nossas emoções. É muito importante *ver o outro* através dos olhos dele: *tal qual é.* Não através dos nossos: *como gostaríamos que fosse.*

As pessoas são como são e geralmente *não mudam para nos agradar,* mas sim quando algo as incomoda. No livro anterior de auto-hipnose, Jorge Abia e eu dedicamos um capítulo a *aprender a olhar os outros por inteiro,* com qualidades e defeitos, coisas de que gostamos e de que não gostamos.[3]

***

Diante de tudo isto, como é ser mulher, mas mulher realmente completa? como é ser homem, mas homem realmente completo?

Não sei o que você pensa, leitora. Não sei o que você pensa, leitor, mas creio que **homens e mulheres somos completos, mesmo que não nos mostremos nem vivamos assim.**

Neste momento de minha vida, todavia, sinto-me, algumas vezes, como na minha época de adolescente, "a mulher maravilhosa que está com tudo resolvido". E assim me apresento muitas vezes, assim parece que me vêem por fora.

A diferença está em que agora já não acredito nisso. Reconheço o caminho que trilhei, mas sei que *faltam* muitas *partes* de Guadalupe *por conhecer* e muitas *outras* de Teresa *por construir.* Algumas delas eu intuo, sem poder vê-las com clareza. Outras vejo, mas não as posso mostrar ainda. Sei que existem muitas mais que desconheço. Sei que *estou no meio de um processo,* meu processo, no qual Guadalupe e Teresa, ao irem se olhando, conhecendo, reconhecendo, *aprendendo* uma com a outra, vão colaborando *na construção e na renovação de mim,* mulher completa. Creio que é um processo *que não termina nem com o final da vida.* Até o último momento, *continuamos fazendo caminho ao andar.*

Somos mulheres e homens completas, completos. Vivemos incompletas, incompletos, se Maria e Alejandra, se Pedro e Roberto, se Guadalupe e Teresa não se conhecem ou, ainda que se tenham visto, não conseguem se tocar. E repito: *O processo de aproximação* e de conhecimento *entre nossas duas partes* não tem fim, o importante é que sempre *continua.*

Maria, Pedro, Guadalupe, são a matéria prima, o que somos por dentro, a terra que recebe e nutre as sementes dos sonhos e projetos com toda a força de Alejandra, Roberto e Teresa.

Às vezes, *as sementes caem na terra e são regadas* com a água que deixam filtrar *os cântaros,* que *continuam se enchendo enquanto caminhamos pelos caminhos com coração,* caminhos de encontros com homens, com mulheres, com outros que nos olham, nos tocam ou nos agridem sem querer ou querendo.

É então que *as sementes germinam e crescem árvores com raízes fortes,* que continuam se nutrindo da terra e a enriquecem com o presente de sua sombra e de suas folhas secas.

É então que *surgem mulheres e homens que,* mesmo que o processo não tenha fim, *vivem, mostram-se e são realmente completas, completos.*

Antes de fechar este livro, querida leitora, querido leitor, convido você a fechar os olhos e descobrir como cresceu através destas páginas essa árvore que se nutre da terra que é você, Guadalupe ou Pedro.

Eu aprendo a desfrutar de minha terra e de minha árvore [4]

EXERCÍCIO 25

A - Leio o exercício

Acomode-se aí onde está e *leia* o texto do inciso B, lentamente, uma, duas ou três vezes, quantas você queira. Depois feche os olhos e deixe que sua respiração vá *construindo, saudavelmente, automaticamente, as imagens* do que você leu, modificando-as para adaptá-las ao seu estilo, à sua realidade interior.

B - Desfruto de minha terra e de minha árvore

Com os olhos fechados, observe como *sua árvore cresceu* e agora está *grande, forte, frondosa.* Eu não sei que tipo de árvore é, mas sei que é *grande, forte, frondosa.*

Observe em que lugar está, como *é a terra que a sustém e a alimenta,* qual é a hora do dia ou da noite, sinta a temperatura desse lugar sobre sua pele, olhe as cores, as imagens, cheire esse olor da terra tão agradável, tão especial. Aproxime-se de *sua árvore* e, a partir daí, olhe-a, sinta-a, toque-a.

Observe como são suas raízes, essas raízes que a prendem firmemente na terra, *segura,* ainda que no meio dos ventos e tempestades. Com essas raízes sua árvore retira de *sua terra* tudo que necessita para crescer, transformando em seiva suave que sobe pelo tronco duro, *fortalecendo-a,* fazendo expandir seus ramos e sua folhagem, *fazendo crescer* seus *frutos* se é que tem frutos.

Essa árvore, *sua árvore,* está *continuamente crescendo,* sem parar, mesmo que você não perceba. E se olhar para cima poderá distinguir os diferentes verdes que tem a folhagem: verdes escuros das folhas maduras, verdes claros e brilhantes das folhas novas, porque sua árvore está continuamente fazendo brotarem novas folhas e secando e deixando cair as folhas que deixaram de ter serventia, ela as dá para sua terra que com elas *se alimenta* e, mais tarde, *devolve tudo à árvore* através de suas raízes.

Sua árvore, sua terra estão *sempre crescendo,* sempre *mudando,* sempre *se renovando,* sempre *alimentando uma à outra.* Assim é a vida, assim é a natureza, assim é a terra, assim são as árvores.

Se quiser, aproxime-se de sua árvore, de sua terra, toque-as, sinta-as, *deixe que entrem em você, enchendo-lhe* de frescor, *de paz e bem-estar* e, quando você quiser, pode ir abrindo os olhos, guardando dentro de você todas as lindas sensações que você tem agora.

Notas e referências bibliográficas

1. ABIA, Jorge e Teresa Robles, *Auto-hipnose. Aprendendo a caminhar pela vida*, Editora Diamante, Belo Horizonte, 2005, pp. 199-211.
2. Ver: "Descubro quem sou e aprendo a usar bem meus disfarces", em ABIA, Jorge e Teresa Robles, *Auto-hipnose. Aprendendo a caminhar pela vida*, Editora Diamante, Belo Horizonte, 2005, pp. 139-159.
3. ABIA, Jorge e Teresa Robles, Autohipnosis. *Auto-hipnose. Aprendendo a caminhar pela vida*, Editora Diamante, Belo Horizonte, 2005, pp. 199-211.
4. Este exercício está inserido no final do meu primeiro livro sobre hipnose: *Concerto para quatro cerebros em psicoterapia,* publicado por Editora Diamante, Belo Horizonte, 2008.

DIAMANTE

Para conhecer um pouco mais sobre nossos livros,
visite nosso site: www.ericksonbh.com.br/diamante

DIAMANTE

Para saber mais sobre nossos títulos e autores ou nos enviar
seus comentários sobre nossos livros entre em contato:
Telefone: (31) 2515-6070 - Fax: (31) 3344-8447
E-mail: diamante@ericksonbh.com.br

Este livro foi impresso em papel
POLEN BOLD NATURAL 90 grs,
com coloração levemente amarelada
para maior conforto na leitura.
Impresso na gráfica O Lutador.